C.H.BECK WISSEN

Die Taliban geben westlichen Beobachtern Rätsel auf. Sind sie wirklich «Steinzeit-Islam»? Welche Strömungen und Machtzentren gibt es? Conrad Schetter und Katja Mielke beschreiben, wie sich die Bewegung nach dem sowjetischen Rückzug aus Afghanistan formierte und sich zwischen internationalem Islamismus und paschtunischen Stammestraditionen positionierte. Bis 1996 eroberten die Taliban Kabul, boten al-Qaida Unterschlupf, wurden 2001 vom *War on Terror* weggefegt, um sich rasch politisch, medial und ökonomisch neu zu formieren und 2021 an die Macht zurückzukehren. Doch die Konkurrenz zum «Islamischem Staat», innere Spannungen, Not und Proteste in Afghanistan sowie der Druck des Westens stellen das neue Emirat vor kaum lösbare Aufgaben.

Conrad Schetter ist Professor für Friedens- und Konfliktforschung an der Universität Bonn und wissenschaftlicher Direktor des Bonn International Centre for Conflict Studies (BICC). Bei C.H.Beck erschien von ihm außerdem «Kleine Geschichte Afghanistans» (5. Auflage 2022).

Katja Mielke, Sozialwissenschaftlerin und Afghanistan-Expertin, arbeitet am Bonn International Centre for Conflict Studies (BICC). Bei C.H.Beck erschien von ihr und Conrad Schetter «Pakistan. Land der Extreme» (2013).

Conrad Schetter/Katja Mielke

DIE TALIBAN

Geschichte, Politik, Ideologie

C.H.Beck

Mit 2 Karten
von Peter Palm, Berlin

Originalausgabe

www.chbeck.de
Satz: C.H.Beck.Media.Solutions, Nördlingen
Druck und Bindung: Druckerei C.H.Beck, Nördlingen
Reihengestaltung Umschlag: Uwe Göbel (Original 1995, mit Logo),
Marion Blomeyer (Überarbeitung 2018)
Umschlagabbildung: Taliban-Sprecher Zabihullah
Mudschahed stellt am 7. September 2021 in Kabul die
provisorische Taliban-Regierung vor.

Printed in Germany
ISBN 978 3 406 78581 8

myclimate

klimaneutral produziert
www.chbeck.de/nachhaltig

Inhalt

Einleitung

Seit dem Vietcong in den 1960er-Jahren beeinflusste wohl kaum eine Guerillabewegung so sehr die Weltpolitik wie jüngst die Taliban: Zu Hochzeiten 2010 befanden sich über 130 000 NATO-Soldaten unter US-Führung in Afghanistan im militärischen Einsatz. Die Guerillakämpfer der Taliban zeigten sich jedoch gegenüber den hochgerüsteten Armeen des Westens als gleich stark, wenn nicht gar überlegen. Das Fiasko des Afghanistaneinsatzes offenbarte sich, als die Taliban am 15. August 2021 Kabul ohne Waffengewalt zurückeroberten, nachdem die internationalen Truppen vorzeitig abgezogen waren. Die Bilder vom Kabuler Flughafen, auf dem Tausende Menschen versuchten, das Land zu verlassen, und sich an Flugzeuge klammerten, verdeutlichen die Panik, die die Rückkehr der Taliban unter Teilen der afghanischen Bevölkerung auslöste. Die kontinuierlichen Territorialgewinne der Taliban und ihre vermutete Verortung in der Szene global agierender terroristischer Gruppen sind mit Befürchtungen verknüpft, dass Afghanistan wieder zum Hort internationaler Dschihadisten werden könnte, die von dort aus ungestört Attentate in der ganzen Welt planen, oder dass gar die pakistanische Atombombe in die Hände der Taliban fallen könnte.

Der Erfolg der Taliban erscheint umso erstaunlicher, als der Kontrast zwischen ihren vorzeitlich anmutenden Kämpfern und den technologisch hochgerüsteten Soldaten der US- und NATO-Truppen kaum größer sein konnte. Allerdings täuscht dieses Bild vom hinterwäldlerischen Mullah, denn die Taliban professionalisierten sich über die letzten fünfundzwanzig Jahre kontinuierlich und entwickelten eine gut geschmierte Kriegsmaschinerie, die mit modernen Waffen, psychologischer Kriegsführung und orchestrierten Kampfeinsätzen Afghanistan zurückeroberte. Dieser Professionalisierung steht jedoch entgegen, dass die Taliban keiner politischen Partei mit Parteibuch, Statuten, strammen Hierarchien, formalisierten Prozessen oder einer konkreten politischen Vision entsprechen. Viel besser lassen sie sich als eine politisch-militärische Bewegung beschreiben, deren Konturen verschwommen bleiben und deren innere Strukturen klandestin, aber auch anpassungs- und lernfähig sind. Damit erscheinen die Taliban eher als ein rationaler und vor allem pragmatischer Akteur als ein ideologiegetriebenes Monster.

Mit diesem Buch versuchen wir über die Betrachtung der Entstehungsgeschichte, Politik und Ideologie der Taliban eine Antwort auf die Frage «Wer sind die Taliban?» zu geben. Dabei sind drei Spannungsfelder zentral für ein Verständnis des Phänomens «Taliban»:

Lokal vs. zentral: Afghanistan ist ein gesellschaftliches Mosaik, in dem lokale Gemeinschaften stets einen hohen Grad an Eigenständigkeit für sich beanspruchen. Daher stehen die Taliban kontinuierlich vor der Herausforderung, wie stark ihre Macht institutionell zentralisiert sein soll – etwa bei der Quetta-Schura – bzw. wie viel Eigenständigkeit lokalen Taliban-Verbänden zugestanden wird: Diverse Auflagen und Erweiterungen der Verhaltensvorschriften (*laiha*) der Taliban im Krieg weisen etwa auf eine Institutionalisierung der Bewegung hin. Dagegen steht die in Afghanistan verbreitete Abgrenzung zwischen den von außen kommenden, fremden gegenüber den eigenen, lokalen Taliban für die Aufrechterhaltung der lokalen Autonomie. Denn mit den «eigenen» Taliban sind diejenigen gemeint, die die Gemeinde vor Einflussnahme von außen schützen und Schaden von ihr abwenden. Im Gegensatz dazu werden unter «fremden» Taliban externe Kämpfer verstanden, die die Taliban-Führung aus den Medresen in Pakistan in den Krieg nach Afghanistan schickt und die die herrschenden Sitten und Werte nicht beachten.

Pragmatisch vs. ideologisch: In den Augen des Westens erscheinen die Taliban als engstirnige, rückwärtsgewandte Fundamentalisten. Dies macht sich vor allem an der rigorosen gesellschaftlichen Ausgrenzung der Frau unter den Taliban fest. Jedoch sind ihre Antriebskräfte weit vielfältiger. *Talib* (arab./pers.) heißt (Religions-)Schüler. Damit bringen die Taliban in ihrer Namensgebung ihre enge Verbundenheit mit Religionsschulen, Medresen (*madaris,* Sg. *madrassa)*, zum Ausdruck, in denen viele ihrer Begründer prägende Jahre ihres Lebens verbracht haben. Wenngleich sich auch die Trägerschaft der Taliban teilweise aus Medresen rekrutiert, die vor allem in der pakistanischen Grenzregion während des Afghanistankriegs entstanden, stellt die religiöse Ausbildung keine Voraussetzung dar, ein Talib oder Mitglied der Bewegung zu sein. Vielmehr avancierten die Taliban zu einem Sammelbecken verschiedener Gruppen, die von Anhängern der bewaffneten Islamistengruppen (den sogenannten Mudschahedin) der 1980er-Jahre über Kriegsfürsten bis hin zu ehemaligen Kommunisten reichen. Denn die Motivation, sich den Taliban anzuschließen, ist ganz unterschiedlich. Auf der einen Seite dominieren die Logiken einer Kriegsgesellschaft: individuelle und kollektive Konkurrenzen um Ressourcen, Sicherheit und Prestige entscheiden pragmatisch darüber, ob man mit den Taliban kämpft oder gegen sie. Auf der anderen Seite treiben ideologische Überlegungen die Taliban an. Sie speisen sich jedoch aus unterschiedlichen Quellen wie etwa ihren eigenwilligen Auslegungen des Islam, paschtunischen Traditionen, afghanischem Nationalismus oder sozialrevolutionären Vorstellungen. Dies steht einer vereinfachten Betrachtung der Bewegung im Wege: Auch wenn das Gros der Taliban der Ethnie der Paschtunen zuzurechnen ist, finden sich auch Vertreter anderer Ethnien in ihren Reihen; obgleich die Taliban Verbindungen zu al-Qaida und anderen islamistischen Gruppen unterhalten, gibt es viele politische Differenzen.

Eigenständig vs. fremdgesteuert: Afghanistan liegt in einer äußerst komplexen geopolitischen Region, die durch divergierende Machtinteressen und anhaltende Konflikte – wie etwa den Kaschmirkonflikt zwischen Pakistan und Indien oder die Konkurrenz zwischen Saudi-Arabien und dem Iran um die Vorherrschaft im Mittleren Osten – geprägt ist. Gleichzeitig sind die Taliban auf externe Unterstützung angewiesen, vor allem finanzieller Art. Konkurrierende Akteure, allen voran der pakistanische Geheimdienst *Inter Services Intelligence* (ISI) und arabische Mäzene, aber auch al-Qaida, der Iran oder China, nehmen auf die Taliban Einfluss. So befinden sie sich stets in dem Spannungsverhältnis, zum einen die Interessen konkurrierender Förderer zu bedienen, zum anderen sich deren Kontrolle zu entziehen: Immer wieder wurden auf Betreiben ausländischer Mächte wichtige Taliban-Führer ausgeschaltet, da diese eine zu eigenständige Politik verfolgten. Gleichzeitig spielten die Taliban verschiedene externe Förderer gegeneinander aus, um die eigene Abhängigkeit zu reduzieren. Wenngleich sicherlich der pakistanische Geheimdienst ISI den größten Einfluss auf die Taliban ausübt, wäre es zu kurz gegriffen, diese als Marionette Islamabads zu betrachten.

Wie diese drei Spannungsfelder aufzeigen, ist das Wissen über die Taliban von offensichtlichen Widersprüchen und Wissensdefiziten geprägt. Dies ist zum einen auf den gesellschaftlichen Kontext zurückzuführen. So ist die afghanische Gesellschaft – bei einer Analphabetenrate von über 60 Prozent – durch Mündlichkeit geprägt. Zum anderen finden sich nur wenige konkrete politische Visionen oder programmatische Strategien, die substanziell Aufschluss über die Motivlagen oder die künftige politische Ausrichtung der Taliban erlauben, wenngleich die Bewegung in den letzten zwanzig Jahren eine professionelle Medien- und PR-Abteilung aufbaute. Think Tanks, Medien und Politik haben sich in der Vergangenheit oft auf nicht überprüfbare Aussagen, einseitige Berichterstattung und zweifelhafte Quellen verlassen, die das Bild der Taliban in der westlichen Öffentlichkeit prägten. Das vermeintliche Wissen über die Taliban basiert häufig auf ungesicherten Informationen aus Geheimdienstquellen oder stammt aus zweiter und dritter Hand. Längerfristige wissenschaftliche Forschung unter Taliban war kaum möglich, um Eindrücke zu triangulieren und profundes Wissen zu generieren. Daher kursiert eine Vielzahl an widersprüchlichen Geschichten, Gerüchten und Interpretationen von Ereignissen, die ein Verständnis des Phänomens «Taliban» erschweren. In vielen Fragen betritt man nach wie vor das Reich der Spekulation. Die Taten der Taliban scheinen für sich zu sprechen.

Das in diesem Buch zusammengefasste Wissen ist nur ein Ausgangspunkt, an den angeknüpft werden muss, um die zahlreichen Widersprüche und blinden Flecken zu erhellen. Unserem Versuch einer Annäherung an die Taliban kann sicherlich mit der Kritik begegnet werden, dass wir «Taliban-Versteher» seien. Im besten wissenschaftlichen Sinne ist dies richtig, da es uns darum geht, die Logiken, Vorstellungswelten und Organisationsstrukturen der Bewegung zu verstehen. Es ist nicht von der Hand zu weisen, dass die Taliban islamische Fundamentalisten sind und sich grausamer Verbrechen gegen die Menschlichkeit schuldig gemacht haben, dass sie eine Politik der gruppenbezogenen Menschenfeindlichkeit betrieben, unter der vor allem Frauen, religiöse Minderheiten und Andersdenkende litten. Allerdings führen das Barbarennarrativ und die Dämonisierung der Taliban zu einer Unterschätzung der Lern- und Anpassungsfähigkeit, Professionalisierung und Zielstrebigkeit der Bewegung. Wir möchten daher neue Einblicke in das Phänomen Taliban bieten, die den Leser möglicherweise überraschen.

1. Schlaglichter auf die afghanische Geschichte

Auch wenn die Taliban erst 1994 entstanden, formten gesellschaftliche Strukturen diese Bewegung, die tief in der afghanischen Geschichte verankert sind. Dabei erscheint diese als geradezu tückisch, denn auf den ersten Blick erweckt sie den Eindruck linearer Kontinuität und stellt sich wie folgt dar:

Afghanistan ist ein koloniales Produkt, das als Pufferstaat aus dem *Great Game* zwischen Britisch Indien und Russland Ende des 19. Jahrhunderts hervorging. 1879 bestimmten die Briten die Grenzen eines halbautonomen Königreichs Afghanistan und setzten Abdur Rahman (reg. 1880–1901) als Herrscher ein. Bis 1973 konnte sich die Monarchie in Afghanistan mit einer kurzen Unterbrechung im Jahr 1929 behaupten. Auf Abdur Rahman folgten die Könige Habibullah I. (reg. 1901–1919), Amanullah (reg. 1919–1929), Nadir Schah (reg. 1929–1933) und schließlich Zahir Schah (reg. 1933–1973). Nach diesen knapp einhundert Jahren Monarchie gerieten die so kontinuierlich wirkenden Herrschaftsstrukturen aus den Fugen. Erst putschte sich 1973 Mohammed Daud (1909–1978), der Cousin des Königs Zahir Schah, mithilfe der marxistischen Partei an die Macht; König Zahir Schah ging ins Exil. Dann ermordeten 1978 die Marxisten ihrerseits Daud und bauten ein repressives Regime auf, gegen das bald das ganze Land rebellierte. Das kommunistische Regime in Kabul stand am Rande des Zusammenbruchs. Mit dem Einmarsch der Sowjetunion in den Weihnachtstagen 1979 internationalisierte sich der Konflikt, der sich bis 2021 gewaltsam fortsetzte. Im Stellvertreterkrieg zwischen Sowjets und Amerikanern standen sich von 1979 bis 1988 über 120000 sowjetische Soldaten und vom Westen bewaffnete Oppositionsgruppen – Islamisten, die sich selbst als muslimische Widerstandskämpfer, sogenannte Mudschahedin, bezeichneten – gegenüber. Letztere operierten vor allem aus Pakistan heraus.

Nach dem sowjetischen Truppenabzug im Februar 1989, dem Zusammenbruch der Sowjetunion 1991 und der Moskauer Einstellung der Finanzhilfe an Kabul im Folgejahr übernahmen miteinander verfeindete Mudschahedin-Gruppen im April 1992 die Herrschaft und lieferten sich einen zerstörerischen «Bruderkrieg», der das Aufkommen der Taliban bedingte.

Hinter der Fassade dieser politischen Herrschaftsgeschichte steht jedoch eine afghanische Gesellschaftsgeschichte, die weitaus komplexer ist. So lassen sich historische Schlaglichter erkennen, die für ein Verständnis der Taliban zentral sind. Dies sind die Konkurrenz um natürliche Ressourcen, der Dominanzanspruch der Paschtunen, die Rolle des Islam und schließlich das Spannungsverhältnis zwischen Moderne und Tradition.

Konkurrenz um Ressourcen

Ein Labyrinth aus Hochgebirgen sowie Wüsten- und Steppenlandschaften bestimmt den Naturraum Afghanistans. Bis heute nutzen Nomaden und Hirten weite Landstriche für die Viehwirtschaft. Allein Oasen und Flusstäler, die das gesamte Land wie Fäden durchziehen, stellen Gunsträume für eine intensive landwirtschaftliche Nutzung dar. Hier lebt das Gros der Bevölkerung und finden sich die großen urbanen Zentren wie Herat, Kandahar oder Kabul.

Aufgrund der Bedeutung, die die Landwirtschaft für das Überleben in dieser lebensabweisenden Region darstellt, drehen sich bis heute die meisten Konflikte um den Zugang zu und den Besitz von Wasser, Land und Weiden. Trotz des anscheinend dominierenden Konflikts zwischen der afghanischen Regierung und den Taliban in den Jahren 2001 bis 2021 lösten Streitigkeiten um die lokale Ressourcenkontrolle und -verteilung die meisten gewaltsamen Konflikte aus. Gerade entlang der Kanalsysteme im südafghanischen Helmand oder im nordafghanischen Kunduz, wo die Wüsten bis an die Kanäle heranrücken, liegen oftmals intensiv bewirtschaftete Felder in der Hand des einen Bauern direkt neben den nur sporadisch bewässerten und versalzenen Feldern des anderen. In vielen Oasenregionen geht zudem der Zugang zu Ressourcen mit ethnischen und Stammesidentitäten einher, was die lokalen Konflikte anheizt. Oftmals kontrolliert eine ethnische Gruppe oder ein Stamm den intensiven Ackerbau in den Kernzonen der Oase, während andere sich erst später ansiedelten und in den Randzonen ums Überleben kämpfen.

Viele dieser Ressourcenkonflikte wurden von Generation zu Generation weitervererbt und bedingten bereits vor Ausbruch des Krieges 1979 lokale Auseinandersetzungen. Im Zuge des Afghanistankrieges wechselten häufig Land- und Wasserrechte mehrfach die Besitzer, was die Konflikte zwischen einzelnen Familien und Gemeinden intensivierte. Diese sozioökonomischen Konflikte machten sich die Taliban – wie auch alle vorangegangenen Kriegsparteien – zunutze. In Helmand etwa gewannen die Taliban ihre Anhänger zunächst unter den Bauern, die ihre Felder an den benachteiligten Unterläufen der Kanäle und in den Randzonen hatten. Die lokale Konkurrenz um Ressourcen bestimmt daher sehr häufig die politische Parteinahme für die eine oder andere Seite.

Paschtunischer Dominanzanspruch

Wie aus den Ressourcenkonflikten bereits herauszulesen ist, sind ethnische und tribale Identitäten von eminenter Bedeutung. Afghanistan ist ein ethnisch und tribal äußerst vielfältiges Land. Neben den Paschtunen, die als größte Ethnie 35–45 Prozent der Bevölkerung ausmachen, sind die Tadschiken, Usbeken und Hazara die wichtigsten ethnischen Gruppen. An dieser Stelle lohnt vor allem eine genauere Betrachtung der Paschtunen, da die Taliban-Bewegung im südafghanischen Siedlungsraum der Paschtunen ihren Ursprung nahm und sich bis heute das Gros der Taliban aus Paschtunen rekrutiert.

Die Paschtunen sind in Stämmen organisiert, die im südlichen und östlichen Afghanistan sowie im nordwestlichen Pakistan leben. Sie sind überwiegend Sunniten und sprechen Paschto, eine ostiranische Sprache, die jedoch vom Dari (Persisch), der Lingua franca Afghanistans, erheblich abweicht. Die Paschtunen verästeln sich in unzählige Stämme und Unterstämme. Mit den Durrani und den Ghilzai entstanden im 18. Jahrhundert zwei miteinander konkurrierende Stammeskonföderationen, die einen Großteil der paschtunischen Stämme vereinen. Die Durrani, die vor allem in den fruchtbaren Oasen entlang des Helmand-Flusses siedeln, stellten von 1747 bis 1973 das afghanische Königshaus. Die Ghilzai finden sich dagegen eher im Südosten des Landes, und ihr Zugang zu Ressourcen (insbesondere Land und Wasser) ist schlechter als der der Durrani. So war es unter den Ghilzai eine bewährte Überlebenspraxis, die Zweitgeborenen zu einer Mullah-Ausbildung in eine Medrese zu schicken. Daher finden sich in der Taliban-Bewegung überproportional viele Ghilzai.

Der Glaube an die Abstammung von dem gemeinsamen Stammesvater Qais Abdur Raschid, eigene gesellschaftliche Organisationsformen (z. B. *jirga*) wie auch ein geteilter Ehren- und Stammeskodex (*paschtunwali*) bilden eine einigende Klammer, wenngleich je nach Lokalität die Stammestraditionen erheblich abweichen. Im Zentrum des paschtunischen Stammesdenkens steht ein Männlichkeitskult, der – zumindest im Idealbild – von der Gleichheit und der individuellen Souveränität aller männlichen Mitglieder bestimmt wird. Diese Vorstellung männlicher Autonomie ist vor allem unter den Stämmen in Südost- und Ostafghanistan allgegenwärtig, während sie in Südafghanistan von Feudalstrukturen überlagert wird. Der Ausbruch des Afghanistankriegs bedingte zudem einen tief greifenden Wandel der Stammesgesellschaft: So fand ein Massenexodus aus den paschtunischen Stammesgebieten nach Pakistan statt, und Mudschahedin-Kommandeure, die aus sozial einfachen Verhältnissen kamen, lösten vielerorts die traditionellen Stammesführer ab. Auch übernahmen zunehmend Mullahs Führungsrollen auf Gemeindeebene – sowohl in Afghanistan als auch in den Flüchtlingslagern in Pakistan.

In dreifacher Weise sind die Paschtunen für die Taliban von Bedeutung. Erstens sind sie die politisch dominierende Ethnie in Afghanistan. In ihrem Selbstverständnis sehen sie sich als die eigentlichen Afghanen. Im afghanischen Sprachgebrauch steht der Begriff «Afghane» als Synonym für Paschtune. Mit der Herrschaft von Mir Wais (1673–1715), einem Stammesführer der Hotak Ghilzai, betrat 1709 erstmals ein paschtunisches Reich die Weltbühne, das sich schnell von Kandahar ausdehnte und das persische Safawiden-Reich zu Fall brachte. Von 1747 bis 1973 herrschte die Mohammadzai-Dynastie aus der Durrani-Konföderation zunächst zwischen dem Amu Darya im Norden und dem Indus im Süden, seit 1879 dann über das zusammengeschrumpfte Territorium Afghanistans. Einzige Unterbrechung war die achtmonatige Herrschaft des Tadschiken Habibullah II. über Kabul während des kurzen Bürgerkrieges 1929. Der Anspruch, dass ein Paschtune – ob als König oder Präsident – über Afghanistan herrschen muss, gilt bis heute vielen Paschtunen als ungeschriebenes Gesetz. So sind auch die letzten Präsidenten Hamid Karzai (geb. 1957; vom Stamm der Durrani Popalzai) und Aschraf Ghani (geb. 1949; vom Stamm der Ghilzai Ahmadzai) Paschtunen. Diese paschtunische Ethnizität ist wichtig, um etwa zu verstehen, weshalb die Taliban Parlaments- und Präsidentschaftswahlen in Afghanistan mit einer Fülle von Anschlägen und gezielten Tötungen überzogen, aber in ethnisch heterogenen Wahldistrikten Ausnahmen machten und die Stimmabgabe für paschtunische Kandidaten unterstützten.

Zweitens spielt nicht nur die paschtunische Kontrolle über Kabul, sondern über das gesamte Land eine wichtige Rolle. Vor allem seit den 1920er-Jahren betrieb das Königshaus einen internen Kolonialismus, indem es Paschtunen aus Süd- und Ostafghanistan in die Oasen Nordafghanistans wie etwa Kunduz, Baghlan oder Balkh umsiedelte und die Weiden Zentralafghanistans auf Kosten der schiitischen Hazara für paschtunische Nomaden öffnete. Damit entstand im ganzen Land ein Flickenteppich paschtunischer Siedlungsgebiete; diese sollten für die flächendeckende Ausbreitung der Taliban entscheidend sein.

Drittens lebt fast die Hälfte aller Paschtunen in den heutigen pakistanischen Provinzen Khyber-Pakhtunkhwa (KPK) und Belutschistan, die bis zum Indus reichen. Die Durand-Line, die 1893 als Grenze zwischen Afghanistan und Britisch Indien gezogen wurde, erkannte Kabul nach der Gründung Pakistans

1947 nicht an. Afghanische Präsidenten erhoben immer wieder den Anspruch, dass Afghanistan das Land aller Paschtunen sei und daher die Außengrenze Afghanistans am Indus verlaufen müsse. Es ist ein Primat pakistanischer Politik, diese Paschtunistan-Frage aus der Welt zu schaffen. Dies erklärt das Interesse Pakistans an den Taliban: Denn obgleich die Trägerschaft der Taliban überwiegend paschtunisch ist, unterdrückt ihre religiöse Ausrichtung nationalistische Ambitionen.

Die Situation in den afghanisch-pakistanischen Grenzgebieten gewann zudem dadurch an Komplexität, dass Pakistan die koloniale *Frontier*-Politik der Briten übernahm. So entstanden auf pakistanischer Seite der Grenze die Federally Administered Tribal Areas (FATA) – bestehend aus sieben paschtunischen Stammesterritorien (*tribal agencies*) und sechs Frontier Regions. Die *Frontier Crimes Regulation*, die die pakistanische Regierung von der Kolonialverwaltung Britisch Indiens adaptierte, bildete das rechtlich-politische Rahmenwerk für die indirekte Verwaltung der Stammesgebiete. So galt in den FATA das Stammesrecht, und der Bevölkerung blieben nationale Bürgerrechte und Entwicklungsleistungen vorenthalten. Aufgrund dieses Sonderstatus am Rande des Staates avancierten die FATA zum Rückzugsraum der afghanischen Mudschahedin wie der Taliban. Erst 2018 wurden die FATA in die Provinz Khyber-Pakhtunkhwa integriert und deren Sonderstatus aufgehoben.

Politischer Islam

Neben den ethnischen und tribalen Bezügen stellt der Islam in Afghanistan den zentralen Referenzrahmen für alle gesellschaftlichen Angelegenheiten dar. In einer funktionalen Betrachtung dienen islamische Wert- und Rechtsvorstellungen dazu, die tribale Fragmentierung und die vorherrschenden Praktiken (z.B. Blutrache, Inzest) zu überwinden. Neben den 15–25 Prozent Schiiten (vor allem Hazara) dominiert in Afghanistan die als moderat geltende sunnitisch-hanafitische Rechtsschule. Diese erlaubt eine gewisse Flexibilität und zeitgenössische Anpassung in der Rechtsprechung durch Argumentation und Ableitung aus einem Kompendium von Rechtsurteilen, das unter der Leitung Abu Hanifas, des Begründers der gleichnamigen Rechtsschule, erstellt wurde. Die hanafitische Rechtstradition verhielt sich daher komplementär zu vorislamischen und Stammestraditionen und war in Afghanistan über Jahrhunderte kaum externen Einflüssen unterworfen.

Der Islam spielt in allen Bereichen des Alltags der Menschen eine zentrale Rolle. Er ist bis heute der gültige Kosmos, über den Interpretationen, Argumentationen und Legitimationen erfolgen. Das Wissen über den Islam ist in der afghanischen Gesellschaft, in der das Lesen und Schreiben bis vor Kurzem den Eliten vorbehalten blieb, nur rudimentär vorhanden. Es dominiert ein Volksglaube. Im Mittelpunkt steht weniger die Auslegung der Schrift als die spirituelle Gotteserfahrung. Das Deuten von Träumen, das Pilgern zu Heiligenschreinen oder das Tragen von Amuletten stellen wichtige religiöse Praktiken im afghanischen Alltag dar. Mullah Omar, dem Führer der Taliban, begegnete Allah immer wieder in seinen Träumen, in denen er ihm seine Entscheidungen offenbarte. In diesem Volksglauben ist die Verehrung von Heiligen bis heute eine weit verbreitete Praxis, ebenso wie die Verbundenheit mit Sufi-Orden. Gerade religiöse Würdenträger, die ihre Herkunft in die Nähe des Propheten rückten, genossen ein hohes Ansehen und waren Teil der traditionellen Herrschaftselite. Im Afghanistankrieg spielten diese Sufi-Führer jedoch nur eine untergeordnete Rolle, da sie sich aufgrund von Korruption und Klientelismus als unfähig erwiesen, politische Führung zu übernehmen.

Im Gegensatz zu religiösen Würdenträgern, die aufgrund ihrer Herkunft oder spirituellen Fähigkeiten eine herausgehobene soziale Stellung einnahmen, genossen die Mullahs (auch *maulawi* oder *maulana)* vor dem Krieg kein besonders hohes soziales Ansehen. Der Mullah ist ein Angestellter der Gemeinde und daher auf deren Wohlwollen und Almosen angewiesen. Seine Rolle ist auf die Unterweisung der Kinder im Koran und im Beten sowie auf die Durchführung religiöser Rituale beschränkt. Mullahs werden in Medresen, die neben der religiösen Bildung auch für Ernährung und Unterkunft aufkommen, rudimentär in der

Lehre des Koran ausgebildet. Das Auswendiglernen und Rezitieren von Koranversen stellt den zentralen Lernstoff dar. Medresen sind auf die Persönlichkeit ihres Lehrers zugeschnitten, weshalb sich jeder Schüler (*talib*) der spirituellen Aura seines Lehrers (*akhund*) verpflichtet fühlt. In der paschtunischen Stammesgesellschaft standen in der Vergangenheit Mullahs außerhalb der Stammesordnung, weshalb vor allem verarmte und marginalisierte Stammesmitglieder diesen Beruf ergriffen. Nur in Konfliktfällen – gerade dann, wenn es galt, verfeindete Stämme gegen eine äußere Bedrohung zu vereinen – übernahmen Mullahs politische Schlüsselpositionen, da sie, außerhalb der Stammesordnung stehend, tribale Spaltungen überwinden und kurzfristige Allianzen stiften konnten.

Viele Stammesrebellionen gegen die britisch-indische Kolonialmacht sowie gegen die afghanische und pakistanische Regierung führten Geistliche an, die die Briten *Mad Mullahs* nannten. Im Afghanistankrieg entstanden zwei Mullah-Parteien: Die *Harakat-i Enqelab-i Islami* (Islamische Revolutionsbewegung) rekrutierte ihre Anhänger überwiegend aus den Schülern von Medresen in Südafghanistan und sollte zur Keimzelle der späteren Taliban werden (siehe S. 26). Die kleinere *Hezb-i Islami* (Islamische Partei Khales) unter Führung von Yunes Khales (HIK) war in den paschtunischen Stammesgebieten Ost- und Südostafghanistans aktiv. Aus ihr sollte mit dem Haqqani-Netzwerk eine wichtige Seitenlinie der Taliban hervorgehen.

Neben den spirituellen Würdenträgern und den Mullahs bildeten die Islamisten eine dritte wichtige Gruppe. Islamistische Strömungen stellten in Afghanistan ein modernes Phänomen dar, das – als Gegenentwurf zum Kommunismus – in den 1960er-Jahren entstand. Vor allem Gelehrte, die an der al-Azhar-Universität in Kairo studiert und an der Kabuler Universität unterrichtet hatten, vertraten die Idee eines politischen Islam. Volksglaube und Sufismus wurden als Häresie abgelehnt. Der wahre Islam, wie ihn der Koran offenbart, sollte freigelegt und von Aberglauben gereinigt werden. Der Islamismus forderte die Errichtung eines islamischen Gottesstaats mit der Einführung des islamischen Rechts, der Scharia, war aber auch stark von modernen Ideologien beeinflusst. Mit ihrer Vorstellung, dass die politische Herrschaft von Gott ausgeht, befanden sich die Islamisten in Gegnerschaft zum Könighaus wie zu den Linken. Die Islamisten dominierten während des Krieges gegen die Sowjets die bewaffnete Opposition, denn sie erhielten die meisten Finanzmittel aus den USA und Saudi-Arabien und verfügten über die größte militärische Schlagkraft. Zwei Parteien sind hervorzuheben: die *Jamiat-i Islami-ye Afghanistan* (Islamische Gesellschaft Afghanistan), die mit dem Aufkommen der Taliban zum Rückgrat der sogenannten Nordallianz wurde und aus der sich seit 2001 viele Regierungspolitiker rekrutierten; und die *Hezb-i Islami* (Islamische Partei Gulbuddin, HIG) von Gulbuddin Hekmatyar (geb. 1949), aus der mit der Peschawar-Schura ein Seitenzweig der Taliban hervorgehen sollte.

Schließlich ist das Verhältnis von Staat und Islam in Afghanistan entscheidend. Als Monarchie war bis 1973 die Abstammung die zentrale Legitimation der Herrschaft. Doch bereits Abdur Rahman, der Begründer des modernen Afghanistan, verband seine Herrschaft mit dem Islam. Als die Briten ihn 1879 auf den Thron setzten, nahm er den Titel «Licht der Nation und des Glaubens» *(Zia al-Millat wa al-Din)* an. Er verstand sich als von Gott auserwählter Herrscher, erhob den Islam zur Staatsreligion und erklärte Afghanistan zur letzten unabhängigen Bastion des Islam, die es gegen «Ungläubige» zu verteidigen gelte. Diese religiöse Definition des Staates vermittelte der Bevölkerung eine eingängige, aber auch missverständliche Vorstellung von Staatlichkeit: Staat und Herrscher beschränkten sich auf ihre Funktion als Hüter der Religion. Dieses Verständnis stellte daher die Existenzberechtigung von Staat und Herrscher immer dann infrage, wenn diese den religiösen Vorstellungen nicht entsprachen.

Gerade in der ersten Phase des Afghanistankriegs, den die Mudschahedin gegen die «gottlosen» Kommunisten führten, spielte dieses Islamverständnis von Herrschaft eine zentrale Rolle und wurde vom Westen während des Kalten Krieges aktiv befördert. So radikalisierte der Afghanistankrieg in den 1980er-Jahren die Islamvorstellungen der afghanischen Bevölkerung.

Entscheidend hierfür war der Ausbau und Wandel der religiösen Ausbildungsinfrastruktur in den Medresen in Pakistan im Zuge der Islamisierungspolitik des Militärdiktators Zia-ul-Haq (1924–1988; reg. ab 1978) in den 1980er-Jahren. Varianten eines ultra-rigorosen Islam gewannen die Oberhand, vor allen aufgrund des zunehmenden Einflusses wahhabitischen und salafistischen Gedankenguts. So sorgte besonders der Zustrom arabischer Kämpfer für die Verbreitung radikaler islamistischer Anschauungen, die in der Idee des Dschihad gegen «Ungläubige» eine universelle Schnittstelle bedienten. Die afghanischen Geflüchteten in Pakistan – ob Kämpfer oder nicht – waren diesen Einflüssen unausweichlich ausgesetzt. Hierdurch fand eine Politisierung und Radikalisierung des bis dato vorherrschenden Islamverständnisses unter Afghanen statt. Die wichtigste Rolle spielten dabei die in den 1980er-Jahren entstandenen Medresen der Deobandis, aus denen sich viele Anhänger der Taliban rekrutierten (siehe Kasten S. 22).

Moderne versus Tradition

Die Trennung zwischen Land und Stadt ist in Afghanistan gleichzeitig eine Trennung zwischen Tradition und Moderne und zwischen Stamm und Staat. Beide Welten drifteten im 20. Jahrhundert immer stärker auseinander. Die Städte, allen voran Kabul, entwickelten sich zu Motoren der Moderne. Historischer Fixpunkt dieses Spannungsverhältnisses war die zehnjährige Herrschaft Amanullahs, des Enkels von Abdur Rahman, in den 1920er-Jahren. Amanullah war besessen davon, Afghanistan in die Moderne zu katapultieren. Die Trennung von Staat und Religion, die Überwindung traditioneller Sitten und Hierarchien wie vor allem die Abschaffung der *purdah,* also der Wegschließung von Frauen, der Polygamie und des Schleiers konnten ihm nicht schnell genug gehen. Amanullahs überhastete Reformpolitik kostete ihn den Thron und löste 1929 einen achtmonatigen Bürgerkrieg aus. Das afghanische Königshaus, das zwischen 1930 und 1973 die Geschicke des Landes lenkte, bemühte sich, einen Mittelweg zwischen Moderne und Tradition zu finden.

Deoband-Medresen

Der intellektuelle Stellenwert der sunnitischen Hochschule Dar-ul-Ulum Deoband, die 1867 in Deoband bei Delhi gegründet wurde, ist für Südasien vergleichbar mit der Bedeutung, die die Kairoer al-Azhar-Universität für die Muslimbrüder im arabischen Raum einnimmt. Ursprünglich waren die Deobandis eine islamische Reformbewegung, die im Kontext anti-kolonialer Bestrebungen in Südasien Fuß fasste. In ihrem Mittelpunkt stand die Bildung zur Erneuerung der muslimischen Gesellschaft. Im Zuge der Politisierung des Islam nach der Gründung Pakistans transformierte sich der Deobandismus in ein politisches Parteienprojekt, das vor allem von der in den paschtunischen Stammesgebieten verbreiteten Partei *Jamiat Ulama-ye-Islam* (Vereinigung Islamischer Gelehrter, JUI) betrieben wurde. Deren Deoband-Lehre weist zahlreiche Parallelen mit salafistischen Ideen auf. So gelten nur der Koran und die Hadithe als Rechtsquellen; vorislamische und volksislamische Traditionen wie der Sufismus werden abgelehnt; in gleicher Weise werden Schiiten als Ungläubige betrachtet, und die Durchsetzung einer sunnitischen Theokratie auf Scharia-Basis wird angestrebt.

Nach der sowjetischen Intervention und der Fluchtbewegung aus Afghanistan baute die JUI in den 1980er-Jahren auf Geheiß des pakistanischen Militärdiktators Zia-ul-Haq in den paschtunischen Stammesgebieten über 1300 Deoband-Medresen auf, um afghanische Jugendliche auf den Dschihad gegen die sowjetischen Besatzer Afghanistans vorzubereiten. Wenngleich zunächst vor allem Kriegswaisen und Söhne aus verarmten Familien in diese Medresen strömten, weil Kost und Logis frei waren, besuchten zunehmend auch Söhne bessergestellter Flüchtlinge die Koranschulen. Neben der Unterweisung in islamischen Ritualen umfasste die Ausbildung eine militärische Schulung. Die zentrale ideologische Botschaft lautete, dass nur der Mudschahed, der den Islam im Heiligen Krieg gegen die Ungläubigen verteidigt und als Märtyrer (*schahid*) stirbt, vor dem Jüngsten Gericht bestehen kann. Der Dschihad gegen alle Ungläubigen wurde so zur zukünftigen Lebensaufgabe der Schüler erhoben. Das früheste Kriegseintrittsalter war 16 Jahre.

Unter den Deoband-Medresen gilt die bereits 1947 gegründete Dar-ul-Ulum Haqqaniyah nahe der pakistanischen Stadt Akora Khattak als wesentliche Kaderschmiede der Taliban. Ihr geistiges Oberhaupt, Sami-ul-Haq (1937–2018), bezeichnete sich selbst gern als «Vater der Taliban». Wichtige Taliban-Persönlichkeiten der ersten Generation sollen hier studiert haben. Auch Nabi Mohammedi, der Führer der *Harakat-i Enqelab-i Islami*, und Yunes Khales, der Führer der HIK, waren Absolventen der Haqqaniyah.

Dieses zerbrechliche Equilibrium zwischen Bewahrung der traditionellen Gesellschaftsordnung und vorsichtiger Modernisierung geriet in den 1970er-Jahren ins Trudeln. Immer weniger gelang es dem Staat, für die schnell wachsende urbane Elite Arbeitsplätze und Posten zur Verfügung zu stellen. Gleichzeitig entstanden gerade in den städtischen Zentren kommunistische wie islamistische Bewegungen, die zum Sammelbecken enttäuschter Eliten wurden. Zum Kristallisationspunkt in der Frage Moderne vs. Tradition avancierte die Stellung der Frau in der afghanischen Gesellschaft. Während das traditionelle Rollenverständnis – gerade unter den paschtunischen Stämmen – die Frau als ein zu beschützendes «Gut» ansah, über das die Ehre des Mannes und der Familie verteidigt wird, steht die Moderne für Gleichberechtigung und volle gesellschaftliche Teilhabe der Frau. Gerade die Daud-Regierung ab 1973 und ihr nachfolgend die Marxisten ab 1978 setzten sich für Frauenrechte und -bildung ein. Am anderen Ende stehen die Taliban, die als Bewegung des ländlichen Afghanistan eine radikale Ausgrenzung der Frau aus der Öffentlichkeit betrieben.

2. Die erste Herrschaft der Taliban (1994–2001)

Die Taliban betraten im Spätsommer 1994 in Afghanistan die politische Bühne – da hatte der Bürgerkrieg seine größte zerstörerische Kraft erreicht: Er wütete bereits seit fünfzehn Jahren und hatte über eine Million Menschenleben und fünf Millionen Geflüchtete gefordert. Die Mudschahedin-Parteien bekämpften sich bis aufs Blut um die Herrschaft über Kabul und legten die Stadt in Schutt und Asche. Das übrige Afghanistan hatten sich Kriegsfürsten und ehemalige Mudschahedin untereinander aufgeteilt, deren Kleinreiche sich gegenseitig bekämpften. Südafghanistan entsprach einem politischen Flickenteppich. Hier verhinderten tribale Disparitäten und Ressourcenkonflikte die Etablierung einer regionalen Herrschaft über den lokalen Rahmen hinaus. Dies war der Entstehungskontext der Taliban.

Die Entstehung und Ausbreitung der Taliban

Der eigenen Legende zufolge gründete Mullah Mohammed Omar Akhund (1960–2013), ein ehemaliger Kommandeur der Mudschahedin-Partei *Harakat-i Enqelab-i Islami* (siehe Kasten S. 26), Anfang der 1990er-Jahre in Sangisar westlich von Kandahar die «Islamische Bewegung der Taliban» (*De Talebano Islami Ghurdzang)*. Grund hierfür war, dass ihn die Zwietracht und Willkür der Mudschahedin-Parteien anwiderten. Die Einführung der Scharia sollte dazu dienen, Sicherheit und Ordnung wiederherzustellen. Archaisches Fundament der Taliban war ein Treueschwur, den alle Mitglieder gegenüber Mullah Omar leisten mussten. So scharte dieser zunächst ehemalige Mudschahedin – alte Waffenbrüder und persönliche Netzwerke – um sich. Seit 1994 entmachteten diese die Anführer krimineller Banden und rücksichtslose Kommandeure. Im Verlauf des Jahres nahmen die Taliban mehrere Checkpoints verfeindeter Mudschahedin ein und dehnten ihre Herrschaft in der Umgebung von Kandahar aus. In ihrem Bestreben, Sicherheit und Recht herzustellen, und angesichts ihres Erfolgs fanden sie schnell Nachahmer in Süd- und Südostafghanistan. Im Oktober 1994 nahmen sie zunächst Spin Boldak, den wichtigen südlichen Grenzübergang zu Pakistan, und dann mit Kandahar die erste Großstadt ein.

Anfang 1995 dehnten die Taliban ihre Herrschaft nach Norden und Osten aus. Viele Mudschahedin-Verbände wechselten die Seiten und schlossen sich ihnen an. Auch erhielten die Taliban einen großen Zulauf an Kämpfern aus den Medresen in Pakistan, nachdem sie innerhalb kürzester Zeit fünf weitere Provinzen paschtunischen Kernlands – Helmand, Uruzgan, Farah, Zabul und Ghazni – eingenommen hatten. Die Bevölkerung begrüßte sie zu diesem Zeitpunkt mit Begeisterung, weil sie den Terror und die Willkür lokaler Milizen beendeten. Diese Popularität der Taliban, die nun für die Implementierung der Scharia – also unkodifizierten göttlichen Rechts – eintraten, schien auch in den Augen der internationalen Öffentlichkeit ein wichtiger Stabilisierungsfaktor zu sein. So erweckten die Taliban das Interesse anderer Mächte, vor allem Pakistans, Saudi-Arabiens und der USA, die bereits in den 1980er-Jahren den Widerstand gegen die Sowjets in Afghanistan organisiert hatten.

Hier lagen ökonomische Motive zugrunde: Seit Anfang der 1990er-Jahre plante der argentinische Konzern Bridas den Bau einer Pipeline aus dem erdgasreichen Turkmenistan durch den Westen und Süden Afghanistans zur pakistanischen Küste. Dies rief das Konsortium aus dem US-Konzern Unocal und dem saudi-arabischen Unternehmen Delta Oil auf den Plan, das ebenfalls um den Zuschlag für das 2,5 Milliarden US-Dollar teure Pipeline-Projekt buhlte und die Taliban finanziell unterstützte. So waren rückblickend die amerikanischen und saudi-arabischen Wirtschafts- und Sicherheitsinteressen ein unterstützender Faktor bei der Ausdehnung der Taliban. Die stillschweigende Duldung ihrer Verbreitung, dazu die Besuche von US-Diplomaten im Hauptquartier der Taliban sowie Reisen von Taliban-De-

Die Partei *Harakat-i Enqelab-i Islami*

Die Keimzelle der Taliban war die Mudschahedin-Partei *Harakat-i Enqelab-i Islami* (Bewegung der islamischen Revolution; kurz: *Harakat*) von Maulawi Mohammed Nabi Mohammedi (1920–2002). Mohammedi war ein Geistlicher, der seit Ende der 1940er-Jahre in Baraki Barak in der Provinz Logar eine landesweit bekannte Medrese unterhielt und von 1965 bis 1973 Parlamentsabgeordneter gewesen war. Mohammedi verfügte über ein ausgedehntes Mullah-Netzwerk, das vor allem unter den paschtunischen Stämmen Südafghanistans verbreitet war. Anfang der 1980er-Jahre galt die *Harakat* als zahlenmäßig stärkste Mudschahedin-Partei. Ihre Schwäche war allerdings, dass ihr eine klare Kommandostruktur fehlte und sie somit einem lockeren Verbund lokaler Widerstandsfronten glich. Viele Mudschahedin-Verbände, die mit der *Harakat* assoziiert waren, rekrutierten sich aus Religionsstudenten *(taliban)* ihrer Medresen, die sowohl eine religiöse wie eine militärische Ausbildung boten. Zahlreiche Führer der Taliban wie Mullah Omar kannten sich aus den Medresen, die mit der *Harakat* verbunden waren. Nach dem Abzug der sowjetischen Truppen aus Afghanistan kehrten viele Kommandeure und Kämpfer der *Harakat* in ihre Dörfer und Medresen zurück, da sie in ihren Augen einen militärischen Sieg errungen hatten und ihre Mission somit beendet war. So war die *Harakat* – trotz ihrer überproportionalen Präsenz in Südafghanistan – nicht in der Lage, eine territoriale Kontrolle aufzubauen. Zudem befand sich die Partei bereits in einem Zustand der Auflösung, weil Mawlawi Nabi Mohammedi zu diesem Zeitpunkt schon schwer erkrankt war.

legationen in die USA auf Einladung von Unocal sind Indizien für ein zumindest anfängliches Interesse der USA.

Auch Pakistan nahm das Auftreten der Taliban als regionale Ordnungsmacht in Süd- und Südostafghanistan mit Interesse auf: Die religiöse Facette der Taliban befriedigte Pakistans Sicherheitsbedürfnis, da dies ein ethno-paschtunisches Moment unterdrückte und damit ein Wiederaufleben der Paschtunistan-Frage (siehe S. 17) ausbremste. Zu Beginn finanzierten vor allem pakistanische Transportfirmen, die im Besitz pakistanischer Paschtunen waren, die Taliban großzügig. Dies ermöglichte ihnen den Zugang zu den Märkten in Iran und Zentralasien, die bislang aufgrund des Krieges blockiert waren.

Ende September 1996 nahmen die Taliban Kabul ein und riefen das Islamische Emirat Afghanistan aus. Noch am Tag des Einmarsches (27.9.) richteten sie Mohammed Nadschibullah (geb. 1947) hin, der von 1986 bis 1992 afghanischer Präsident gewesen war und sich im UN-Gewahrsam befand; seine Leiche wurde öffentlich zur Schau gestellt. Die Einnahme der Hauptstadt war Anlass für Pakistan, Saudi-Arabien und die Vereinigten Arabischen Emirate, die Taliban als neue afghanische Regierung anzuerkennen. Washington reagierte dagegen aufgrund des zunehmend negativen Images der Taliban in der US-amerikanischen Öffentlichkeit zurückhaltend. Die Organisation für Islamische Zusammenarbeit betonte ebenfalls ihre Neutralität, indem sie den Ländersitz Afghanistans für vakant erklärte.

Die Einnahme Kabuls veranlasste die Mudschahedin-Parteien und andere Milizen, die sich bis 1996 erbittert bekämpft hatten, in der sogenannten Nordallianz den Taliban entgegenzutreten. Dennoch weiteten diese – mit Unterstützung pakistanischer Militärberater – kontinuierlich ihre Herrschaft über Afghanistan aus. Vor allem Mazar-i Scharif war zwischen Taliban und Nordallianz heftig umkämpft: Ende Mai 1997 ermordeten Hazara-Milizen der Nordallianz bei der Rückeroberung der Stadt mehrere Tausend Taliban. Als Akt der Vergeltung blockierten die Taliban im Winter 1997/98 die UN-Nahrungsmitteltransporte nach Zentralafghanistan, um die Hazara auszuhungern. Als die Taliban am 12. August 1998 Mazar-i Scharif erneut einnahmen, übten sie Rache und ermordeten gezielt schiitische Hazara – Männer, Frauen und Kinder. Zwischen 5 000 und 10 000 Hazara sollen dem Wüten zum Opfer gefallen sein. Die Ermordung von acht iranischen Diplomaten bei der Einnahme der Stadt verstärkte die Spannungen zwischen den Taliban und Iran, das an der Grenze 70 000 Soldaten zusammenzog und mit einer militärischen Intervention drohte. Doch folgten diesem Säbelrasseln nur Scharmützel, da Teheran kein direktes Eingreifen in den Afghanistankonflikt anstrebte.

In den folgenden Monaten weiteten die Taliban ihre Macht über ganz Nordafghanistan aus und nahmen Mitte September Zentralafghanistan ein. Im Ergebnis gelang es ihnen im Sommer

1998, die Nordallianz aufzureiben. Abgesehen von vereinzelten Widerstandsnestern war allein der berühmte Mudschahedin-Kommandeur Ahmad Schah Masud (1953–2001), der mit dem gebirgigen Badakhschan und dem Pandschirtal etwa zehn Prozent der Landesfläche kontrollierte, als ernst zu nehmender Gegner übrig geblieben. Jedoch waren die Kampffronten so verhärtet, dass weder die Taliban noch Masud militärische Erfolge erzielten. Versuche auf internationaler Ebene, eine Annäherung zwischen den Taliban und der Nordallianz zu erreichen, scheiterten.

Das Islamische Emirat

Die Taliban waren keine Partei, sondern eine Bewegung. Auch hierin unterschieden sie sich von den Mudschahedin-Parteien, die alle Mitgliedsausweise vergaben und über klare Strukturen verfügten. Die Trägerschaft der Taliban rekrutierte sich aus Medresen in Afghanistan und Pakistan. Die Koranschüler stammten meist aus den unteren sozialen Schichten und waren häufig Waisenkinder, so dass die Medresen die Funktion von Ersatzfamilien übernahmen. Doch fanden sich innerhalb der Taliban auch viele «Berufs-Mudschahedin», die sich rechtzeitig auf die Seite der Sieger geschlagen hatten. Gerade die Mitglieder der Führungsriege verfügten über eine Mudschahedin-Vergangenheit – meist in der *Harakat-i Enqelab-i Islami*. Auch ehemalige Kommunisten gab es unter den Taliban; aufgrund ihrer Qualifizierung übernahmen sie Aufgaben in der Verwaltung und im Militär, für die den Taliban geschultes Personal fehlte.

Anfangs hoffte auch die traditionelle paschtunische Elite, die bisher aus dem afghanischen Machtpoker ausgeschlossen worden war, über die Taliban in Amt und Würden zu gelangen. Prominentester Vertreter dieser Elite war Abdul Ahad Karzai (geb. 1922, der Vater Hamid Karzais), der am 15. Juli 1999 von unbekannter Hand ermordet wurde. Diese Elite vertraute vergebens den Lippenbekenntnissen der Taliban, sie würden König Zahir Schah, der trotz seines hohen Alters immer wieder als Integrationsfigur ins Spiel gebracht wurde, auf den Thron zurückbringen. Insgesamt hatten die Taliban in dieser Phase ein ambivalentes Verhältnis zur paschtunischen Ethnizität: Auf der einen Seite war ihnen daran gelegen, über das einigende Band des Islam tribale Fragmentierungen zu überwinden. Auch die tribalen Feudalstrukturen, die sich in Südafghanistan – anders als in Ost- oder Südostafghanistan – ausgeprägt hatten, waren den Taliban ein Dorn im Auge, da sie sich als die Bewegung des einfachen Mannes verstanden. Auf der anderen Seite stammte das Gros ihrer Anhänger aus den Stammeskonföderationen der Ghilzai und der Durrani, sodass die tribale Kultur eine gemeinsame Wertebasis darstellte. Daher gewann mit dem Ausgreifen der Taliban eine gemeinsame südafghanische Identität eines Loy Kandahar («Großregion Kandahar») an Bedeutung. Denn der Kern der Taliban stammte aus den angrenzenden Provinzen Kandahar, Helmand, Uruzgan und Zabul.

In ihrer Selbstdarstellung distanzierten sich die Taliban in den 1990er-Jahren von der Herrschaft der Mudschahedin, die durch Gräueltaten an der afghanischen Bevölkerung ihren Ruf als «heilige Krieger» verspielt hatten. Sich selbst sahen die Taliban als Retter Afghanistans, die dem zerrissenen Land den ersehnten Frieden unter dem einigenden Banner des Islam brachten. Die Eigenbezeichnung Taliban stand für ein einheitliches Handeln im Zeichen des Islam und wandte sich gegen die parteiliche Zersplitterung, der die Mudschahedin erlegen waren.

Das wichtigste Ziel der Taliban war es, die territoriale Integrität Afghanistans wiederherzustellen. In diesem Sinne dominierte ein nationalstaatlicher Bezug ihre Politik. Einen globalen Dschihad, wie ihn etwa al-Qaida vertritt, verfolgten die Taliban nicht. In ihrer Ideologie ging es ihnen darum, zurück zu den Anfängen des Islam zu finden. Anders als die Muslimbrüder wollten die Taliban nicht Moderne mit Islam verbinden, sondern die idealisierte Ordnung, wie sie in der Blütezeit des islamischen Emirats von Bagdad im 7. Jahrhundert bestanden hatte, wieder aufleben lassen. Entsprechend wurde Mullah Omar, das Oberhaupt und der spirituelle Führer der Taliban, zum *amir al-muminin* (Herrscher der Gläubigen) ernannt.

Jedoch erschöpften sich damit die Verweise der Herrschafts-

Mullah Omar

Mullah Omar, der Führer der Taliban, symbolisierte die Verbindung der islamischen und der paschtunischen Sphäre. Zum einen war Mullah Omar ein Hotak Ghilzai, weshalb er aufgrund gleicher Stammeszugehörigkeit in genealogische Nähe zu Mir Wais (1673–1715), dem Gründer des ersten paschtunischen Reichs, gerückt wurde. Damit wuchs Mullah Omar aus paschtunischer Sicht die Rolle eines Erneuerers zu, und er wurde eben nicht in einer Linie mit dem Herrscherhaus der Durrani gesehen. Zudem stammte Mullah Omar aus einfachen Verhältnissen im ländlichen Uruzgan und gehörte nicht zur großgrundbesitzenden Stammeselite Südafghanistans. Als Mudschahed hatte er im Krieg ein Auge verloren. Dies wies ihn gegenüber den Führern der Mudschahedin-Parteien als Persönlichkeit aus, die wirklich gekämpft und nicht an einem sicheren Ort abgewartet hatte.

Am 4. April 1996 nahm Mullah Omar in Kandahar vor 1500 Islamgelehrten den Titel *amir al-muminin* an, nachdem er, eingehüllt in den Mantel des Propheten, der als Reliquie in einem Schrein in Kandahar verwahrt wird, auf dem Dach der Medrese zu den Gelehrten gesprochen hatte. Diesen Titel trugen die Kalifen, die mit dem Goldenen Zeitalter islamischer Herrschaft in Bagdad verbunden wurden. Mullah Omar wurde damit zur Reinkarnation des Kalifen Omar ibn al-Khattab, der Anfang des 7. Jahrhunderts lebte, und in historischer Verkürzung konsequenterweise als «zweiter Omar» betitelt. Es ist umstritten, ob dies eher spontan geschah oder eine gezielte Inszenierung war. Für Ersteres spricht, dass die Taliban nie Machtansprüche jenseits der Grenzen Afghanistans artikuliert haben. Kritiker deuteten die mit dem Titel in Zusammenhang gebrachte Vision der Taliban, an das letzte rechtmäßige islamische Kalifat anzuknüpfen und einen «Gottesstaat» zu errichten, als Führungsanspruch über die gesamte islamische Welt. Die Eliten der islamischen Rechtsgelehrten in Kairo und Mekka widersprachen deshalb vehement, sahen sie doch die Taliban als primitiv und ungebildet an.

Mullah Omar galt als ein zurückhaltender und verschlossener Mensch, der rhetorisch nicht besonders begabt war und sich stundenlang dem Koranstudium widmete. Immer wieder heißt es, dass er der Führung der Taliban nicht gewachsen war, als politisch naiv galt und sich eher auf die spirituelle Leitung der Bewegung verlegte. Nicht von ungefähr gibt es kaum ein Foto von ihm. Sich selbst sah er als geistiges Oberhaupt des Emirats und nicht als aktives Mitglied der Regierung, das öffentlich in Erscheinung treten muss. Der Tod Mullah Omars bleibt ein Mysterium. Erst im Juli 2015 gaben die Taliban bekannt, dass Mullah Omar bereits zwei Jahre zuvor an einer Krankheit verstorben war. Bis heute ist umstritten, ob er seine letzten Jahre in der afghanischen Provinz Zabul oder unter Hausarrest des ISI in Pakistan verbracht hat.

struktur auf die Vorbilder aus dem Mittelalter. So übernahmen die Taliban die Strukturen der afghanischen Ministerien und Verwaltungseinheiten von den vorangegangenen Regierungen nahezu unverändert. Allein die Einführung eines Ministeriums für Tugend und gegen Laster, dem die Einhaltung islamischer Sitten oblag, stellte eine Neuerung dar. Diese Fortschreibung der Verwaltungsstrukturen verwies darauf, dass die Taliban mit den Ministerien und dem Regierungsapparat nicht viel anfangen konnten. Kandahar blieb das Machtzentrum der Taliban; nur zweimal überhaupt soll Mullah Omar Kabul besucht haben. So fällten er und die Taliban-Schura alle wesentlichen Entscheidungen in Kandahar. Der Kabuler Schura unter Leitung des Regierungschefs Mullah Mohammed Rabbani oblag deren Umsetzung. Zudem wurden in der Regel öffentliche Ämter wie Minister- oder Gouverneursposten als Auszeichnung für besondere Kampfleistungen an Taliban-Kommandeure vergeben oder dazu benutzt, interne Rivalitäten auszugleichen. Die meisten Minister waren daher Paschtunen aus Loy Kandahar.

Die Politik der Taliban war zu einem gewissen Grad Ergebnis einer Verrohung des Krieges, in dem Gewaltanwendung und Brutalität längst zum Alltag gehörten. Wenngleich die Taliban daher für eine bestimmte gesellschaftliche Ordnung einstanden, betrieben sie die Umsetzung mit einem kompromisslosen Einsatz von Gewalt. So brüsteten sie sich damit, durch die Entwaffnung der Bevölkerung und die Einführung harter Strafen für Verbrechen die öffentliche Sicherheit wiederhergestellt zu haben. Doch entsprach diese Entwaffnung eher einer Inkorporation lokaler Kampfverbände in eine übergeordnete Organisationsstruktur. Was die Taliban unter öffentlicher Sicherheit verstanden, beruhte zudem nicht auf einer rechtsstaatlichen

Grundlage, sondern lag ganz im Ermessen des einzelnen *Talib*. Immerhin gelang es ihnen, Kriminalität und Wegelagerei drastisch einzudämmen. Zentral für ihre Herrschaft war die Einführung der Scharia, deren Umsetzung eine Sittenpolizei überwachte. Die Scharia-Strafen für bestimmte Vergehen (z. B. Steinigung bei Ehebruch) wendeten sie rigoros an. Verbote von Rasieren, Tanzen, Musikhören, Porträtfotos, Fernsehern oder Papiersäcken (weil sie aus Altpapier hergestellt wurden, auf dem ein religiöser Text gestanden haben könnte) entsprachen eigenwilligen Interpretationen der religiösen Schriften, die sie tagtäglich um weitere Verbote ergänzten.

Leidtragende dieser Politik waren vor allem die Frauen als schwächstes Glied der Gesellschaft: Hatte die Mudschahedin-Regierung nach dem Fall des kommunistischen Regimes 1992 «nur» die Verschleierungspflicht eingeführt, so verbannten die Taliban die Frauen völlig aus dem öffentlichen Leben. Während die ländlichen, paschtunischen Gebiete von solchen Anordnungen weitgehend verschont blieben, wurden besonders in Herat und Kabul die Sitten streng überwacht. Ein Grund hierfür dürfte der sprachliche und ethnische Gegensatz zwischen den paschtosprachigen Taliban und der darisprachigen, überwiegend tadschikischen Bevölkerung dieser Städte gewesen sein. Auch waren die Repressionen der Taliban Ausdruck der tief verwurzelten Diskrepanz zwischen Stadt und Land. Das harte Auftreten der Taliban in Kabul resultierte aus ihrer Aversion gegenüber der städtischen Bevölkerung wie aus ihrer Unsicherheit gegenüber dem urbanen Milieu, in dem ihre in der ländlichen paschtunischen Gesellschaftsordnung verankerten Weltbilder nicht mehr griffen. Kabul galt zudem als «Hort des Kommunismus», was seinen negativen Ruf noch potenzierte. Die Stellung der Frau in der urbanen Gesellschaft war für die Taliban ohnehin unbegreiflich und wurde deshalb zur Zielscheibe ihrer Politik. Diese steht damit in einer historischen Tradition, die Modernisierung, Urbanität und Säkularismus ablehnt.

Das archaische Islamverständnis der Taliban und ihre nach außen bizarr anmutende, teilweise menschenverachtende Politik waren wichtige Gründe für ihr Zerwürfnis mit der Weltgemeinschaft. In den USA machten seit 1996 prominente Frauenaktivisten und -aktivistinnen wie Mavis Leno (geb. 1946), die Frau des bekannten Fernsehentertainers Jay Leno, gegen die Taliban Stimmung. Am 19. November 1997 gab die US-Außenministerin Madeleine Albright zu Protokoll, dass die USA die Taliban aufgrund ihrer Verletzung von Menschen- und Frauenrechten nicht anerkennen würden. Das radikale Verhalten der Taliban war auch dafür verantwortlich, dass sich ihre Beziehungen zu den Vereinten Nationen wie zu anderen internationalen Organisationen verschlechterten. Die Forderung der Taliban nach dem Sitz in der UNO, den nach wie vor die Mudschahedin-Regierung innehatte, wurde abgelehnt. Aufseiten der Europäischen Union und der UNO führte der Eklat um die vorübergehende Festnahme der europäischen Frauenbeauftragten Emma Bonino bei ihrem Besuch in Kabul Ende September 1997 – sie hatte bei ihrem Besuch in einer Mädchenschule ohne zu fragen ein Filmteam mitgebracht – zu einer deutlichen Missstimmung. Als die Taliban schließlich Mitte 1998 alle Hilfsorganisationen in Kabul auf dem Campus des Polytechnikums konzentrieren wollten, zogen diese ihre Mitarbeiter aus Kabul ab, und die EU strich die Hilfsgelder für Afghanistan.

In wirtschaftlicher Hinsicht entwickelte sich eine Schattenökonomie, deren Ansätze bis in die 1980er-Jahre zurückreichten, nun aber voll zur Geltung kamen. Ende der 1990er-Jahre stieg Afghanistan zum Drehkreuz eines intensiven Schmuggels zwischen der Freihandelszone Dubai, Iran, den zentralasiatischen Staaten und Pakistan auf. Die Produktpalette reichte von Erdöl aus Iran über High-Tech-Produkte, die aus Dubai eingeführt wurden, bis hin zu Waffen und Autoteilen aus den zentralasiatischen Staaten und zu gestohlenen Autos aus Pakistan. Die Taliban sollen jährlich 2,1 Milliarden US-Dollar mit Zöllen verdient haben. Afghanistan entwickelte sich darüber hinaus mit einem Marktanteil von über 75 Prozent zum weltweit größten Heroinproduzenten. Ganze Regionen in Süd- und Südostafghanistan lebten vom Drogenanbau, bevor die Taliban in der Anbausaison 2000/01 die Kultivierung von Schlafmohn verboten, um Zusagen von UN-Hilfsprogrammen zu erhalten. Dies kostete sie einen Großteil ihrer Popularität unter den vom Opium lebenden Kleinbauern und brachte sie zudem um Einnahmen aus der Besteuerung. Spekulationen darüber, ob der Opiumbann möglicherweise nur eine Taktik war, um den Marktpreis zu regulieren, wurden somit relativiert. Fest steht allerdings, dass die Lager der Drogenhändler zu diesem Zeitpunkt gut gefüllt waren. Trotz zusätzlicher Finanzhilfen aus Saudi-Arabien und den Golfstaaten waren die Taliban während des ersten Emirats nicht in der Lage, die Wirtschaft auf gesunde Füße zu stellen. Eine mehrjährige Dürre und internationale Sanktionen ab 1999 verschlimmerten die humanitäre Krise.

Gastrecht für Osama bin Laden

Für die Herrschaft der Taliban sollte sich ihr Verhältnis zu al-Qaida und Osama bin Laden (1957–2011) als verhängnisvoll herausstellen. Afghanistan hatte sich bereits in den 1980er-Jahren zur Drehscheibe eines globalisierten Netzwerks militanter Dschihadisten entwickelt (siehe S. 21), wo Muslime aus aller Welt gegen das kommunistische Regime in Kabul und die es unterstützenden sowjetischen Truppen kämpften. Diese «Afghanistan-Veteranen» wurden auf 10 000 bis 40 000 Mann beziffert. Mit dem Abzug der Sowjets zogen viele von ihnen weiter und kämpften in Krisenherden wie Kaschmir, Algerien, auf dem Balkan und im Kaukasus. Viele dieser internationalen Islamisten verfügten über recht enge Bindungen zu den Mudschahedin-Parteien und unterhielten eigene Ausbildungs- und Trainingslager in Afghanistan. Osama bin Laden etwa war seit Jahren den Mudschahedin-Führern Sayyaf, Khales und Hekmatyar eng verbunden und residierte nach seiner Rückkehr aus dem Sudan im Mai 1996 zunächst in der ostafghanischen Stadt Jalalabad, die damals nicht die Taliban, sondern die Mudschahedin kontrollierten.

Aus den innerafghanischen Kämpfen hielten sich die internationalen Dschihadisten weitgehend heraus. Für sie stellt daher auch das Umsatteln von den Mudschahedin-Parteien auf die Taliban kein großes Problem dar. Erste Kontakte ergaben sich, als die Taliban Jalalabad und Kabul 1996 eingenommen hatten. Neben den Arabern und Pakistanis/Kaschmiris, die die zahlenmäßig größten Gruppen stellten, suchten seit den 1990er-Jahren vor allem tschetschenische, usbekische und uigurische Islamisten Zuflucht in Afghanistan. Allerdings hatten die meisten dieser Gruppierungen ihre Trainingscamps im Osten und Südosten des Landes; nur wenige internationale Islamisten, wie etwa Osama bin Laden, zogen nach Kandahar um. Die Araber genossen unter den Taliban eine besondere Achtung, da sie die Sprache des Koran sprachen und als dem Propheten in der Genealogie näherstehend betrachtet wurden. Dennoch gab es auch zentrale Unterschiede, gerade auf ideologischer Ebene. So blieben die Araber den Taliban suspekt, denn diese standen in der Tradition der Muslimbrüder und Salafisten. Ihr Islamverständnis ähnelte daher weit stärker dem der Gegner der Taliban, den Mudschahedin-Parteien. Zudem kamen in den Augen der internationalen Dschihadisten das Stammesdenken und der Volksglaube der Taliban einer Häresie gleich. Schließlich sahen die Araber, allen voran Osama bin Laden, die USA aufgrund deren Politik im Mittleren Osten und der Stationierung von US-Truppen in Saudi-Arabien als den Hauptfeind an, während die Taliban gegenüber den USA erst einmal unvoreingenommen waren, ja sie bis 1996 sogar als Verbündete betrachteten.

1998 gründete Osama bin Laden die *World Islamic Front Urging Jihad Against Jews and Crusaders* – besser bekannt als al-Qaida. Ihm war es gelungen, bislang miteinander konkurrierende und verfeindete Islamistengruppen unter seiner Führung zu vereinigen. Ein Ziel von al-Qaida war der Sturz der Saud-Monarchie, die er als unislamische Marionette der USA ansah. Nach al-Qaida-Anschlägen auf die US-Botschaften in Daressalam und Nairobi 1998 wurde die Präsenz Osama bin Ladens für die Taliban zunehmend zur Belastungsprobe. In den Augen der Weltöffentlichkeit galt Afghanistan schlagartig als Drehscheibe für islamische Unruhestifter. Die USA identifizierten mit Osama bin Laden den Drahtzieher der Anschläge und flogen zur Vergeltung am 20. August 1998 Raketenangriffe auf dschihadistische Ausbildungslager in Ostafghanistan. Trotzdem weigerten sich die Taliban, bin Laden an die USA auszuliefern, und schlugen vor, ihn in einem muslimischen Land vor Gericht stellen zu lassen. Darauf gingen die USA nicht ein. Als auch der saudische Geheimdienst keine Auslieferung erzwingen konnte, legte Saudi-Arabien seine diplomatischen Beziehungen zu den Taliban auf Eis. Am 7. Juli 1999 beschloss die US-Administration unilaterale Sanktionen gegen die Taliban. Am 15. Oktober 1999 folgte die UN-Resolution 1267, die die Auslieferung bin Ladens forderte, gefolgt von Sanktionen ab 19. Dezember 2000. Fortan war das Taliban-Regime außenpolitisch isoliert. Mullah Omar sah seine Regierung als Opfer einer internationalen Verschwörung und wandte sich nun offen gegen die USA und die UNO.

Gleichzeitig hielt Mullah Omar seine schützende Hand über Osama bin Laden. Die Beweggründe hierfür sind bis heute unklar: Angeblich war das Verhältnis zwischen den beiden von Achtung, wenn auch nicht von enger Freundschaft geprägt. Dass Mullah Omar eine Tochter Osama bin Ladens geheiratet habe, ist im Reich der Legenden anzusiedeln. Ebenfalls ist umstritten, dass Osama bin Laden Mullah Omar einen Treueeid geleistet haben soll. Neben der persönlichen Beziehung zwischen den beiden dürfte eine wichtige Rolle gespielt haben, dass Osama bin Laden erfolgreich in den Golfstaaten Finanzen für die Taliban akquiriert hatte. Seine Auslieferung hätte zudem nicht nur im Widerspruch zur paschtunischen Sitte der Gastfreundschaft gestanden, sondern – so Mullah Omars Bedenken – die Taliban in den Augen vieler Muslime als Kollaborateure des Westens erscheinen lassen. Ähnlich war die Reaktion der Taliban bereits im Dezember 1999 gewesen, als pakistanische Dschihadisten eine indische Linienmaschine aus Kathmandu entführt hatten und in Kandahar gelandet waren. Damals hatten die Taliban den Entführern die Flucht ermöglicht.

Die Causa «Osama bin Laden» belastete auch die Machtstrukturen innerhalb der Taliban. Durch seine Entscheidung, für bin Laden das Gastrecht hochzuhalten, geriet Mullah Omar in Konflikt mit dem pragmatischen Lager innerhalb der Taliban-Führung um Außenminister Mullah Mutawakil (geb. 1971),

Regierungschef Mullah Mohammed Rabbani (1955–2001) und den stellvertretenden Innenminister Mullah Mohammed Khaksar (1960–2006). Diese Gruppe forderte eine Auslieferung Osama bin Ladens und führte diesbezüglich Geheimgespräche mit den USA und Saudi-Arabien. Es kursierten bereits Gerüchte, dass Mullah Omar aufgrund seines Festhaltens an Osama bin Laden kurz vor seiner Entmachtung stehe. Der Tod von Mullah Rabbani am 16. April 2001 schwächte den Einfluss der Moderaten. So blieb die Taliban-Führung in Sachen bin Laden in zwei unversöhnliche Lager gespalten.

Der Einfluss der arabischen Dschihadisten auf die Politik der Taliban nahm dagegen im Jahr 2001 kontinuierlich zu: Am 10. März zerstörten die Bilderstürmer der Taliban unter Aufsicht des Taliban-Kommandeurs Mullah Dadullah (siehe S. 43) das Weltkulturerbe der Buddha-Statuen von Bamian; auch hier waren vor allem Araber beteiligt. Doch das Fanal für den 11. September stellte die Ermordung von Ahmad Schah Masud, dem letzten ernst zu nehmenden Gegner der Taliban innerhalb der Nordallianz, am 9. September dar. Al-Qaida war der Auftraggeber für dieses Attentat; die Taliban waren wohl nicht eingeweiht. Auch die Attentate des 11. September trafen die Taliban unvorbereitet und sollten doch zum Kollaps ihrer Herrschaft führen.

9/11 und der Kollaps des Islamischen Emirats

Die Anschläge vom 11. September auf das World Trade Center und das Pentagon katapultierten Afghanistan ins Zentrum der Weltpolitik. Als Auftraggeber der Anschläge benannte Washington umgehend Osama bin Laden und dessen Netzwerk al-Qaida. Nun überschlugen sich die Ereignisse: Am 20. September forderten die USA von den Taliban erneut die Auslieferung Osama bin Ladens. Diese reagierten mit einer Schaukel- und Verzögerungspolitik. Mullah Omar soll Osama bin Laden zwar aufgefordert haben, in ein Drittland auszureisen; eine Auslieferung an die USA kam für ihn aber selbst jetzt nicht infrage. Währenddessen bauten die USA mit der *Coalition against Ter-*

rorism ein Bündnis auf, das nicht allein die NATO-Mitglieder umfasste; auch den Taliban nahestehende Länder wie Saudi-Arabien und Pakistan konnten sich der Zusammenarbeit nicht entziehen, wollten sie nicht selbst ins Fadenkreuz der Antiterrorkrieges geraten.

Al-Qaida zog die Taliban mit in den Abgrund. Am 7. Oktober begann die US-Luftwaffe im Rahmen der *Operation Enduring Freedom*, Stellungen der Taliban zu bombardieren. Gleichzeitig versuchte die Nordallianz mit erheblicher logistischer Unterstützung der USA und Großbritanniens, von Norden her die Kampflinien der Taliban zu durchbrechen. Anfang November kollabierte der Widerstand der Taliban binnen weniger Tage: Am 8. November nahm die Nordallianz Mazar-i Scharif ein. Keine fünf Tage später, in der Nacht vom 12. auf den 13. November, zogen sich die Taliban aus Kabul zurück und überließen die Stadt der Nordallianz. Die Taliban übergaben Kunduz, ihre letzte Bastion in Nordafghanistan, am 25. November kampflos an die Nordallianz. Wie sehr Pakistan die Taliban militärisch unterstützte, wurde daran deutlich, dass Islamabad vor der Kapitulation Dutzende Militärberater aus Kunduz ausflog. Die Nordallianz war nach der Einnahme von Kunduz für die Ermordung von Tausenden Taliban verantwortlich, denen man eigentlich freies Geleit nach Südafghanistan versprochen hatte. Am 8. Dezember 2001 verloren die Taliban mit Kandahar ihre letzte wichtige Hochburg und zogen sich in die Stammesgebiete in der unzugänglichen Grenzregion zu Pakistan und im südlichen Afghanistan zurück. Von den Neuordnungsgesprächen, die verschiedene afghanische Gruppierungen unter Vermittlung der UNO vom 27. November bis zum 5. Dezember 2001 auf dem Petersberg bei Bonn abhielten, blieben die Taliban ausgeschlossen.

Dass die Taliban zeitgleich mit den Verhandlungen in Bonn anboten, die Waffen niederzulegen, und ihre Kapitulation in Südafghanistan gegenüber Karzai verkündet hatten, geriet in Vergessenheit. Karzai hatte damals in der internationalen Presse verlautbaren lassen, dass Mullah Omar und anderen Taliban-Führern unter dieser Voraussetzung gestattet würde, sich unbehelligt («in Würde») zurückzuziehen, und dass ihre Gefangenen freigelassen würden. Nach harscher Intervention der USA wurde dieses Vorgehen verworfen und damit eine wichtige Gelegenheit vergeben, «Frieden» zu schließen. Die USA gingen fälschlicherweise davon aus, dass die Taliban nun Geschichte waren und keinen entscheidenden militärischen Faktor mehr darstellten.

3. Das Wiederaufleben der Taliban (2002–2012)

Obwohl die militärische Intervention der USA 2001 zur Zerstörung der Organisationsbasis der Taliban führte, gelang der Bewegung in kleinen Schritten eine Reorganisation. Spätestens seit 2005 lag das Hauptaugenmerk der Taliban wieder auf der militärischen Intervention in Afghanistan. Wie Antonio Giustozzi hervorhebt, war das Charakteristikum dieser «neuen» Taliban ihre polyzentrische Ausrichtung: Auf der einen Seite entstanden mehrere Machtzentren – vor allem die Quetta-Schura, die Peschawar-Schura, das Haqqani-Netzwerk –, die sich gegenseitig regional ergänzten, aber auch miteinander konkurrierten. Auf der anderen Seite hatte jede dieser Schuras unterschiedliche Kommandostrukturen entlang eigener militärischer Fronten (*mahaz*). Dadurch verfügten die Taliban-Verbände über unterschiedliche Grade an Autonomie. Diese polyzentrische Ausrichtung minderte zwar ihre Schlagkraft, machte sie aber auch agil. Die Kämpfe der US-Truppen gegen die aufständischen Taliban erreichten 2009–2012 ihren Höhepunkt; es gelang ihnen, die Taliban ernsthaft zu schwächen, nicht aber zu vernichten. Dazu hatten die internationalen Streitkräfte bereits zu viel an eigener Legitimation verloren – und dies spielte den Taliban in die Hände.

Quetta-Schura und Guerillakrieg

Der Kollaps ihrer Herrschaftsstrukturen im Herbst 2001 traf die Taliban völlig unerwartet. Insgesamt sollen 8000 bis 12000 Taliban bei dem Zusammenbruch ihrer Regierung gefallen sein. Die Führer zogen sich in ihre Heimatorte oder nach Pakistan zurück und isolierten sich selbst. In den ersten Jahren gab es kaum Kommunikation oder gar Zusammenkünfte unter den

Taliban, und auch der Wiederaufbau der Organisation wurde nicht angegangen. Pakistan verhielt sich gegenüber den Taliban zunächst abwartend. Einzelne Führungspersönlichkeiten, wie Mullah Zaeef (geb. 1968), der afghanische Botschafter in Islamabad, wurden gefangen genommen und an die USA ausgeliefert; die meisten Taliban-Führer ließ man dagegen in Ruhe. Mullah Omar selbst trat öffentlich nicht mehr in Erscheinung. Es ist umstritten, wo er sich bis zu seinem Tode 2013 aufgehalten hat (siehe S. 30). Zwischen 2005 und 2010 verfolgte Pakistan eine wohlwollende Strategie gegenüber den Taliban, indem es dem Großteil der Taliban-Führung weitgehende Bewegungsfreiheit in Pakistan einräumte.

Derweil durchforsteten die US-Truppen im Rahmen der *Operation Enduring Freedom* Afghanistan, insbesondere den Osten und Süden, nach Taliban. Allerdings gaben diese sich kaum zu erkennen und genossen den Schutz ihrer Gemeinden. In Fällen, in denen Taliban denunziert wurden, gerieten die US-Truppen in der Regel direkt in lokale und stammesinterne Rivalitäten hinein. Wenn es, wie 2002 bei der *Operation Anaconda* im Schah-i-Kot-Tal in Paktia, zu offener Gegenwehr kam, so waren dies versprengte Kampfeinheiten der Taliban und al-Qaidas, die in eigener Regie handelten.

Erste Taliban-Verbände, die nur wenige Hundert Kämpfer umfassten, entstanden vereinzelt in Süd- und Ostafghanistan. In dieser Phase führten die Taliban vor allem Einzelaktionen durch, etwa die Ermordung regierungsnaher Würdenträger (u. a. Mullahs, Polizeichefs), Anschläge gegen Schulen oder andere Einschüchterungsversuche (etwa durch die Verbreitung von nächtlichen Drohbriefen), um Dörfer von der Kooperation mit den Amerikanern abzuhalten. In dieser Anfangsphase stand weniger die Rekrutierung neuer Kämpfer oder der Aufbau eigener Herrschaftsstrukturen im Vordergrund als vielmehr das Erkunden, über welchen Nährboden die Bewegung im Lande noch verfügte. Dabei konzentrierten sich die Taliban auf ländliche Gemeinden, die als religiös und konservativ galten und schon in den 1990er-Jahren das Rückgrat der Bewegung gebildet hatten. Die Unterstützung lokaler religiöser Autoritäten stellte eine wichtige Ressource für die Taliban und ihre Akzeptanz in der Bevölkerung dar. Über ethnische Grenzen hinweg verfügten sie gerade unter den einfachen Mullahs über eine breite Anhängerschaft. Im Rahmen von Freitagspredigten oder anderen Zusammenkünften in Moscheen – etwa wenn bei Angriffen der US- oder afghanischen Sicherheitskräfte Zivilisten ums Leben kamen – warben die Mullahs für die Taliban. Konspirative Treffen fanden in der Regel nachts in Moscheen statt. Vielfach ging es darum, Sympathisanten zu identifizieren und Zusagen auszuhandeln, dass Taliban Dörfer betreten durften, dort Unterschlupf fanden und logistische Unterstützung erhielten.

Eine weitere wichtige Sympathisantengruppe waren die mehrere Hunderttausend Köpfe zählenden paschtunischen Nomaden, die jährlich zwischen dem pakistanischen Indus-Tiefland und Zentralafghanistan migrieren. Sie hatten bereits in den 1990er-Jahren die Taliban unterstützt und sahen mit der neuen afghanischen Regierung den Zugang zu ihren Sommerweiden gefährdet. Denn diese lagen im Siedlungsgebiet der schiitischen Hazara, die nun in der Regierung vertreten waren. So stellten die paschtunischen Nomaden in Provinzen wie Uruzgan, Ghazni und Wardak wichtige Brückenköpfe der Taliban dar.

Im März 2003 formierte sich die *Rahbari Schura* (Oberster Führungsrat) in Quetta, womit die Taliban erstmals wieder Organisationsstrukturen errichteten. Die Quetta-Schura bestand aus ehemaligen Ministern und Kommandeuren der Taliban. Mullah Omar selbst war zwar als «Führer der Gläubigen» *(amir al-muminin)* offizielles Oberhaupt der Schura, trat aber nicht in Erscheinung. Integrierende Kraft war Mullah Abdul Ghani Baradar (geb. 1963), einst engster Weggefährte Mullah Omars. Die Schura nahm für sich in Anspruch, die Herrschaftsstrukturen der Taliban – vor allem in Südafghanistan – zu bestimmen. Zu diesem Zeitpunkt verfolgte die Quetta-Schura weniger das Ziel, erneut an die Macht über ganz Afghanistan zu kommen, als vielmehr mit den USA und der afghanischen Regierung einen Ausgleich zu finden. Die Quetta-Schura entfaltete differenzierte Governance-Strukturen (siehe Kapitel 5). Zentral war die Einrichtung einer militärischen Kom-

Mullah Dadullah

Mullah Dadullah (1966–2007), ein Kakar-Paschtune aus Uruzgan, war ein erfahrener Taliban-Kommandeur, der bereits in den 1990er-Jahren eine wichtige Rolle in der Bewegung gespielt hatte. Ihm oblag etwa die Zerstörung der Bamian-Statuen; auch war er Oberbefehlshaber der Verteidigung von Kunduz nach 9/11. Mullah Dadullah galt als kaltblütig, skrupellos und grausam. Er setzte Selbstmordattentate im großen Stil ein und kannte bei seinen Gegnern kein Erbarmen. Dafür wurde er unter den Taliban zugleich gefürchtet und geachtet. In der Quetta-Schura, der er als Leiter der militärischen Kommission angehörte, sahen viele in Dadullah eher eine Belastung denn eine Bereicherung. Dadullahs militärische «große Front» (*loy mahaz*) kam einem Staat im Staate innerhalb der Taliban gleich. Gleichzeitig verbreitete Mullah Dadullah einen Kalaschnikow-Kultstatus um seine Person und gab spektakuläre Interviews aus den Kampfgebieten, etwa an *Al Jazeera*. Mullah Dadullah stieg daher schnell zur Ikone der neuen Taliban-Bewegung auf. Dadullah starb bei einem US-Luftangriff am 8. Mai 2007. Bis heute halten sich Gerüchte, dass niemand Geringerer als Mullah Omar Informationen weitergegeben haben soll, um den immer prominenter werdenden Dadullah loszuwerden. Andere Gerüchte besagen, dass ihm die Stammesfehde zwischen den Stämmen der Ishaqzai und der Kakar zum Verhängnis geworden sei. Wenngleich die *loy mahaz* von Mullah Dadullah nach dessen Ermordung Einbrüche erlebte, stieg diese seit 2013 unter Leitung seines Bruders Mansur Dadullah (1972–2015) wieder zu einem starken Machtfaktor auf.

mission unter Führung von Mullah Dadullah, der die Kriegsführung oblag.

Der Aufbau dieser Strukturen ging damit einher, dass die Taliban seit 2005 die Truppen der USA und der Alliierten in einen ausufernden Guerillakrieg in Südafghanistan verstrickten. Ferngezündete Minen und Sprengfallen waren die am häufigsten eingesetzten Waffen. Den Taliban gelang es nun, ganze Distrikte einzunehmen. Anders als die bisherigen lokalen Kampfverbände, die selten mehr als ein paar Dutzend Kämpfer umfassten, entstanden große Fronten (*loy mahaz*) mit mehreren Tausend Kämpfern, die in ganz Südafghanistan operierten. Zudem brachten diese Fronten auch ortsfremde Kämpfer – sogenannte

Punjabi Taliban – aus den Medresen in Pakistan nach Südafghanistan, die häufig religiös indoktriniert waren und die lokalen Konfliktlinien missachteten.

Die Fronten hatten in der Regel eine klare Befehlsstruktur und bauten auf persönlichen Loyalitäten und verwandtschaftlichen Bindungen auf. Jede Front basierte auf dem Rückhalt in einem paschtunischen Stamm, war jedoch – über die Mullah-Netzwerke – in mehreren Stämmen vertreten. Wenngleich die wichtigsten Kommandeure der Fronten in der Quetta-Schura miteinander verbunden waren, konkurrierten ihre Kampfverbände untereinander, vor allem um die Rekrutierung von Kämpfern, die Akquise von Geldern und territoriale Kontrolle. Zudem konnten einige Kommandeure im Ausland, vor allem in den Golfstaaten und Saudi-Arabien, Geld akquirieren. Mullah Dadullah, dem auch enge Verbindungen zu al-Qaida nachgesagt wurden, verfügte laut Antonio Giustozzi in den Spitzenzeiten über bis zu 20 Mio. US-Dollar zusätzlich zu den Geldern, die er von der Quetta-Schura erhielt.

Folgt man der Argumentation Giustozzis, so entwickelten sich die Fronten zu eigenständigen Kriegsmaschinen, die gewaltökonomischen Logiken folgten und kaum noch durch eine ideologische Klammer zusammengehalten wurden. Aufgrund der Eigenständigkeit und Stärke der einzelnen Fronten zeigte sich die Quetta-Schura als zu schwach, um einen gemeinsamen Kampf der Taliban gegen die US-Streitkräfte zu koordinieren; zudem gerieten die Fronten immer wieder in Konfrontation mit den Schattengouverneuren, die die Taliban eingesetzt hatten. Vor allem Mullah Dadullahs Front ignorierte Weisungen der Gouverneure. Die Eigenständigkeit der Kampverbände und deren Zerstrittenheit waren daher wichtige Gründe dafür, dass die Quetta-Schura 2006 einen Verhaltenskodex (*laiha*) für Kämpfer erließ, um die schwerwiegendsten Fehltritte von Taliban-Kämpfern und -Kommandeuren einzudämmen und öffentlich Verantwortung zu demonstrieren (siehe S. 81).

Die politische Legitimation

Bis 2007 gelang es den Taliban, sich konstant immer weiter in Süd- und Ostafghanistan auszubreiten und ganze Distrikte (u.a. Garmsir) einzunehmen. Selbst in West- und Nordafghanistan (u.a. in Farah, Kunduz und Faryab) gewannen die Taliban an Zuspruch, besonders in paschtunischen Gemeinden. Sie avancierten zum Sammelbecken derjenigen Kräfte, die mit der herrschenden Situation unzufrieden waren. Die Beweggründe, sich den Taliban anzuschließen, waren mannigfaltig und eher pragmatisch als ideologisch. So bestand in konservativen ländlichen Regionen die Sorge, dass mit der internationalen Intervention die althergebrachte Ordnung, insbesondere die Stellung der Frau und die Rolle des Islam, und das damit verbundene Machtgefüge radikal verändert würden. Da die Taliban wie die neue afghanische Regierung lokale Gemeinden zudem dazu drängten, sich für eine Seite zu entscheiden, votierten viele Dörfer für die Taliban, deren Politik man vielleicht nicht unbedingt schätzte, aber wenigstens kannte. Dagegen war die Politik der neuen Regierung mit vielen Unwägbarkeiten verbunden. Zudem brachte das militärische Vorgehen der US- und NATO-Truppen, bei dem irrtümlich immer wieder Hochzeitsgesellschaften, Moscheen und Dörfer unter tödlichen Beschuss gerieten, den Taliban Zulauf. Hausdurchsuchungen, wie sie das US-Militär routinemäßig ohne Rücksicht auf Frauen und Kinder durchführte, stellten unumkehrbare Verletzungen der Ehre der Familienoberhäupter dar. Dies steigerte die Abneigung gegenüber den US- und NATO-Soldaten und deren Status als «Ungläubige».

Auch das korrupte Gebaren und die generelle Unfähigkeit der afghanischen Regierung trieben viele Afghanen in die Hände der Taliban. So versagte die neue afghanischen Regierung in den zwei Politikfeldern komplett, in denen sich die Taliban als besonders verlässlich zeigten – Recht und Sicherheit: Die afghanische Justiz galt als behäbig, langsam und korrupt. Als Gegenentwurf setzten die Taliban standortbezogene wie auch mobile Scharia-Gerichte ein. Die Vorteile der Taliban-Rechtsprechung sahen die Bewohner in der Effizienz und Effektivität – also in der zeitnahen, kostengünstigen Verhandlung der Konflikte, einem bindenden Urteilsspruch und seiner entsprechenden Durchsetzung. Auch der Sicherheitsapparat der Regierung galt als ineffizient und korrupt und war vielfach in kriminelle Machenschaften verwickelt. Zudem besetzten ehemalige Gegner der Taliban wichtige Positionen in Polizei und Militär, die nun Rache übten. So galt vielfach die Faustregel: Entweder hatte man Zugang zum staatlichen Sicherheitsapparat oder man schloss sich den Taliban an. In unzähligen lokalen Konflikten um Wasser, Land oder Weiden transferierten sich daher bestehende Rivalitäten zwischen paschtunischen Stammeseinheiten, zwischen ethnischen Gruppen, zwischen Flüchtlingen und Dagebliebenen oder zwischen ländlicher und urbaner Bevölkerung in die Parteinahme für bzw. gegen die Taliban. Vor allem gelang es den Taliban, sich als die Vertreter der sozial Benachteiligten und Entrechteten zu profilieren. Die Vorstellung, dass sie die Bewegung der «Kleinen Leute» seien, untermauerte die Tatsache, dass nicht religiöse Gelehrte, sondern einfache Mullahs sie anführten.

Schließlich beschworen die Taliban den nationalen Mythos der Freiheitsliebe und des Scheiterns aller Interventionsversuche – ob der Briten im 19. Jahrhundert oder der Sowjets in den 1980er-Jahren. Aus Zufällen der Geschichte konnten die Taliban weiteres Kapital schlagen: So wurden ausgerechnet britische Truppen in der Provinz Helmand nahe der Stadt Maiwand stationiert – genau an dem Ort, wo am 27. Juli 1880 afghanische Krieger eine britische Armee aufgerieben hatten und der zum Inbegriff des afghanischen Nationalverständnisses geworden war. In den Augen vieler Afghanen wurde die Rückkehr der Briten nach Helmand als deren Versuch gesehen, Revanche zu üben.

Die anderen Taliban

Mit der Ausbreitung der Bewegung firmierten immer mehr lokale Widerstandgruppen gegen die Regierung unter dem Label Taliban. Im Osten und Südosten Afghanistans entstanden mit der Peschawar-Schura und dem Haqqani-Netzwerk Strukturen unter dem Dach der Taliban, die mit der Quetta-Schura nur locker verbunden waren bzw. mit dieser konkurrierten. Die Peschawar-Schura und das Haqqani-Netzwerk stehen in einer politischen Genealogie, die weit in die Geschichte des Afghanistankriegs zurückreicht. Anders als die Taliban, die aus der *Harakat-i Enqelab-i Islami* hervorgegangen waren, standen diese beiden Gruppierungen in der Tradition von zwei anderen Mudschahedin-Parteien. Zudem entstand auf pakistanischem Boden mit der *Tehrik-i-Taliban Pakistan* (Bewegung der Taliban Pakistans, TTP) ein Ableger der Taliban, der – anders als die Quetta- und Peschawar-Schura oder das Haqqani-Netzwerk – die pakistanische Regierung bekämpfte. Schließlich entwickelte sich mit der Maschhad-Schura noch ein iranischer Ableger der Taliban.

Die Peschawar-Schura

Der geographische Fokus der Peschawar-Schura lag zunächst auf Ostafghanistan. Hier waren gleich nach dem Sturz der Taliban lokale Fronten wie die *Tora Bora Mahaz* oder die *Spin Ghar Mahaz* in Nangarhar entstanden. Viele Kommandeure verfügten nur über schwache Verbindungen zur Quetta-Schura. Daher bedingte der Zusammenschluss vieler lokaler Fronten und Schuras den Aufstieg der Peschawar-Schura seit 2005. Der Name leitet sich von ihrem Sitz in der gleichnamigen Hauptstadt der pakistanischen Provinz Khyber-Pakhtunkhwa (KPK) ab. Kern der Peschawar-Schura war die Schamschatu-Schura – benannt nach dem gleichnamigen Flüchtlingslager bei Peschawar, das die Hochburg der *Hezb-i Islami* von Gulbuddin Hekmatyar (HIG) war.

Die Schamschatu-Schura setzte sich überwiegend aus ehemaligen HIG-Kämpfern zusammen, die entsprechend der Kaderfokussierung der HIG oftmals die Oberschule oder die Universität besucht hatten und als Ärzte, Ingenieure oder Lehrer ausgebildet worden waren. Die HIG war im Krieg gegen die Sowjets in den 1980er-Jahren die finanzstärkste Partei gewesen und stand den Ideen der Muslimbrüder nahe. Sie war zwar in ganz Afghanistan verbreitet, doch war ihr Auftreten immer nur zellenförmig, da die breite Bevölkerung und die traditionelle Geistlichkeit ihre radikalen Ansichten ablehnten. Inwiefern Gulbuddin Hekmatyar auf die Schamschatu-Schura Einfluss nahm, ist bis heute ungeklärt. Selbst als Hekmatyar 2016 Frieden mit der afghanischen Regierung schloss und die afghanische Regierung eine Generalamnestie für die Mitglieder der HIG erließ (siehe unten), erhielt er wahrscheinlich weiterhin Kontakte in die Schamschatu-Schura aufrecht, die aufseiten der Taliban kämpfte. Innerhalb der Peschawar-Schura wurde die Radikalität der HIG jedoch noch übertroffen. So war etwa besonders umstritten, ob Schulen und NGOs legitime Ziele für Attacken seien, was die Schamschatu-Schura ablehnte, aber andere Untergruppen befürworteten.

Die Peschawar-Schura absorbierte zudem Kampfverbände aus den Medresen der paschtunischen Stammesgebiete unter pakistanischer Bundesverwaltung (FATA), die zudem Brückenköpfe zur *Tehrik-i-Taliban Pakistan* (TTP) und anderen dschihadistischen pakistanischen Gruppierungen bildeten, die vor allem in Kaschmir kämpften. Die dschihadistischen Netzwerke in der Region gehen auf die 1980er-Jahre zurück, wo sie nicht nur mit dem pakistanischen Geheimdienst ISI in Kontakt kamen, sondern auch enge Beziehungen nach Saudi-Arabien etablierten. Die ISI-Kontakte ermöglichten der Peschawar-Schura, ihre Kämpfer in Ausbildungslagern der pakistanischen Armee zu trainieren. Sie verfügte über moderne und zentralisierte Kommandostrukturen und war insgesamt professioneller organisiert als die Quetta-Schura. Zudem standen beide bald in enger Konkurrenz. In Provinzen wie Wardak, Ghazni, Faryab oder Baghlan liefen lokale Kommandeure scharenweise von der Quetta-Schura zur Peschawar-Schura über, da Letztere einen höheren Sold zahlte. Die Peschawar-Schura dehnte ihren regionalen Aktionskreis schnell auf das Umland von Kabul sowie auf Nord- und Nordostafghanistan aus. Anders als die Quetta-Schura konnte die Peschawar-Schura unter Nicht-Paschtunen eine große Akzeptanz gewinnen. Mit *Jundullah* (Gotteskrieger) entstand eine regional übergreifende Front, in der Tadschiken und Usbeken dominierten.

Das Haqqani-Netzwerk

Das Haqqani-Netzwerk *(Haqqani Schabaka)* organisierte sich in der Miramschah-Schura, benannt nach dem regionalen Zentrum in Waziristan, das Teil der pakistanischen FATA ist. Jalaluddin Haqqani (1939–2018), der Begründer des Netzwerks, war in den 1980er-Jahren mit der *Hezb-i Islami* von Yunes Khales (HIK) assoziiert gewesen. Die HIK verband Stammesdenken und Islamismus, weshalb sie in den paschtunischen Stammesgebieten Ost- und Südostafghanistans ihren Rückhalt hatte. Haqqani gehörte zu den prominentesten Kämpfern des Dschihad gegen die Sowjets und war stets ein bevorzugter Partner des ISI gewesen.

Beim Ausgreifen der Taliban in der zweiten Hälfte der 1990er-Jahre befand sich Haqqani zunächst auf Konfrontationskurs mit den Taliban. Erst mit deren Vormarsch nach Südostafghanistan 1996 kehrte er den Mudschahedin-Parteien den Rücken zu und schloss sich den Taliban an. Allerdings pochte Haqqani stets auf die Autonomie seiner Einflusssphäre in Loya Paktia (die Provinzen Khost, Paktia und Paktika), weshalb die Taliban hier auch nie recht Fuß fassen konnten. Nicht nur bezüglich der Machtbefugnisse, sondern auch ideologisch gab es Unterschiede zwischen den Kandahari-Taliban und dem Haqqani-Netzwerk. So ließ Jalaluddin Haqqani Mädchenbildung in seinem Herrschaftsgebiet zu und lehnte viele Verbote der Taliban (u.a. Musikhören) ab. Ideologisch war er eher konservativ als radikal. In den Jahren 1996 bis 2001 spielte das Haqqani-Netzwerk innerhalb der Taliban nur eine Nebenrolle. Jalaluddin Haqqani wurde unter den Taliban zwar Minister für Stammesangelegenheiten; das Amt des Verteidigungsministers, das er anstrebte, wurde ihm jedoch vorenthalten, da er nicht aus dem Zirkel der Kandaharis stammte. Auch wurde er bei den Entscheidungen, die die Schura um Mullah Omar in Kandahar traf, außen vor gelassen.

Nach 9/11 floh Haqqani in das pakistanische Nord-Waziristan. Die Nordallianz unterstützte in Loya Paktia Badschah Khan, den Intimfeind von Jalaluddin Haqqani, der seinerseits zu einem der meistgesuchten Terroristen weltweit avancierte.

Wiederholt versuchten die USA, Haqqani zu eliminieren. Doch der ISI hielt seine schützende Hand über ihn und informierte ihn stets rechtzeitig über bestehende US-Luft- und Drohnenangriffe. 2007 zog sich Jalaluddin Haqqani, gesundheitlich angeschlagen, aus dem operativen Geschäft zurück und starb 2018 eines natürlichen Todes. Sein Sohn Serajuddin (geb. 1973 oder 1977/78) übernahm die Leitung des Netzwerks. Vielfach wird kolportiert, dass Serajuddin, der in Saudi-Arabien eine religiöse Ausbildung erhalten hatte, radikaler sei als sein Vater.

Das Haqqani-Netzwerk beanspruchte für sich die Kontrolle über Loya Paktia. Seine Macht basierte auf Clan- und Stammesnetzwerken, vor allem auf dem Zadran-Stamm. Die Haqqanis genießen ein enormes Ansehen im gesamten paschtunischen Stammesgürtel, zumal sie paschtunische Stammestraditionen nicht als unislamisch bekämpften. Die herausragende Stellung der Haqqanis wird daran deutlich, dass sie immer wieder Konflikte unter den Stämmen oder zwischen der TTP und der pakistanischen Regierung schlichteten. Seit 2006 dehnte das Haqqani-Netzwerk seinen Wirkungskreis bis nach Logar aus, das strategisch bedeutsam vor den Toren von Kabul liegt. In seinen Rückzugsgebieten in Nord-Waziristan baute das Haqqani-Netzwerk einen Ministaat auf. Über achtzig Medresen in Afghanistan und Pakistan sind direkt mit dem Haqqani-Netzwerk verbunden und bilden das Reservoir für neue Kämpfer.

Zu allen relevanten Gruppen des Dschihad bestehen exzellente Kontakte: 2003 kooptierten die Taliban das Haqqani-Netzwerk in die Quetta-Schura, wo seine Angehörigen zwei Sitze einnahmen, aber weitgehend inaktiv blieben; ab 2008 hatte das Haqqani-Netzwerk einen Sitz in der Peschawar-Schura inne. Jalaluddin Haqqani erkannte offiziell den Führungsanspruch von Mullah Omar an, jedoch lehnte er eine Inkorporation seiner Kämpfer in die Strukturen der Quetta-Schura ab. Anders als diese verwalteten die Haqqanis ihre Ressourcen zentral, und es gab eine klare Befehlskette, die auf Verwandtschafts- und Stammesbeziehungen aufbaute. Den Verhaltenskodex der *laiha*, den die Quetta-Schura erlassen hatte (siehe S. 81), sahen die Haqqanis nicht als Richtschnur für ihr Handeln an. Auch gerieten die Kampfverbände der Quetta-Schura mit dem Haqqani-Netzwerk immer wieder in Konflikte um Territorien und Kämpfer: Als 2007 im Zurmat Distrikt im Süden Paktias Abdullatif Mansur (geb. 1968) eine Taliban-Front aufbaute, machte Haqqani deutlich, dass dies eine einmalige Ausnahme sei und ein stärkeres Engagement der Quetta-Schura in Loya Paktia zu einem Zerwürfnis führen würde. Dennoch verstanden sich die Haqqani-Kämpfer wie auch die Peschawar-Schura in der Eigenwahrnehmung als Taliban, wenn auch nicht mit einer ausgeprägten Loyalität gegenüber der Quetta-Schura. So kann das Verhältnis zwischen Haqqani-Netzwerk und Peschawar- bzw. Quetta-Schura als pragmatisch gesehen werden: Man hatte den gemeinsamen Feind – die afghanische Regierung und die US-Streitkräfte – und teilte diffuse Vorstellungen darüber, dass eine zukünftige Regierung auf der Scharia fußen sollte.

Das spezifische Wissen über komplexe Anschläge in Kabul, dazu ein dichtes Netz aus Aufklärung, Logistik und Schutzräumen machten das Haqqani-Netzwerk für die Taliban wie auch für den pakistanischen ISI zu einem unschätzbar wertvollen Partner. Laut Giustozzi beanspruchen die Haqqanis, für rund 70 Prozent aller Anschläge in Kabul seit 9/11 verantwortlich gewesen zu sein: Die spektakulären Anschläge auf die Parade zum afghanischen Nationalfeiertag am 28. April 2008, auf die indische Botschaft am 7. Juli 2008 und am 8. Oktober 2009, auf das Serena-Hotel am 14. Januar 2008 und am 20. März 2014, auf das Intercontinental am 28. Juni 2011 sowie auf die US-amerikanische Botschaft am 11. September 2011 – sie alle werden dem Haqqani-Netzwerk zugeschrieben. Zudem verfügte das Haqqani-Netzwerk über eine Legion von Selbstmordattentätern.

Wenngleich das Haqqani-Netzwerk sich überwiegend aus Afghanen rekrutierte, fanden sich unter den Kämpfern auch viele Pakistanis sowie Araber, Usbeken wie auch Tschetschenen. Daher galt das Haqqani-Netzwerk als weit stärker an den globalen Dschihad angebunden als etwa die Quetta-Schura. Bereits in den 1980er-Jahren fanden sich viele arabische Mudschahedin in den Reihen von Haqqanis Kämpfern, die zum Dschihad gegen

Selbstmordattentate und Minen

Kaum ein terroristischer Akt wird so sehr mit den Taliban in Verbindung gebracht wie Selbstmordattentate. Dabei haben diese im Afghanistankrieg gar keine lange Tradition. Bis 2003 stellten sie die Ausnahme dar und avancierten erst ab 2005 zu einer dominierenden Terrortechnik. Vor allem Mullah Dadullah befürwortete Selbstmordattentate und ließ Hunderte von Selbstmordattentätern in Südafghanistan ausbilden. Eine Brutstätte von Märtyrern baute das Haqqani-Netzwerk auf, das bis 2015 allein für über tausend Selbstmordattentate verantwortlich gewesen sein soll. Es verfügte über mehrere Medresen (vor allem in Waziristan), die ganze Kohorten an Jungen nur für diese Art der Selbstaufopferung ausbildeten. In den Medresen wurden die Verheißungen des Jenseits gepriesen. Die Familien der Selbstmordattentäter, häufig bitterarm, erhielten eine finanzielle Unterstützung. Jedoch waren Selbstmordattentate innerhalb der Taliban-Bewegung umstritten, besonders wenn Zivilisten und Unbeteiligte ums Leben kamen; Taliban-Führer der Quetta-Schura wie Mullah Baradar lehnten sie ab. Eine ähnliche Diskussion gab es zudem zum Verlegen von Minen und Sprengsätzen. Dies wurde vom Gros der Taliban befürwortet, allerdings von Führern wie Akhtar Mohammed Mansur abgelehnt. Mit dem Abzug der internationalen Truppen 2014 nahm der Einsatz von Sprengfallen rasant zu.

die Sowjets nach Afghanistan kamen. Vor allem zu al-Qaida pflegte das Haqqani-Netzwerk gute Beziehungen, von der es auch kontinuierlich finanziell unterstützt wurde. Im Gegenzug sicherten die Haqqanis Trainingscamps im afghanisch-pakistanischen Grenzgebiet, Unterschlupf und Logistik zu. Zudem war das Netzwerk traditionell eng mit diversen dschihadistischen Gruppierungen verbunden, die in Kaschmir kämpften, etwa mit der *Laschkar-i-Taiba* (Armee der Reinen) oder der *Harakat-ul-Mudschahedin* (Bewegung der heiligen Krieger).

Taliban Franchising: TTP und Swat

Die pakistanischen Stammesgebiete FATA (siehe S. 17) entwickelten sich nicht nur zum Rückzugsgebiet des Haqqani-Netzwerks, der Peschawar-Schura und globaler Dschihadisten, sondern hier entstand mit der *Tehrik-i-Taliban Pakistan* (Bewegung der Taliban Pakistans, TTP) 2007 ein Verbund, der diverse lokale dschihadistische Gruppierungen in den FATA – insbesondere in Nord- und Süd-Waziristan – vereinte. Mit der TTP trat erstmals eine Taliban-Bewegung auf, die sich des Labels «Taliban» bediente, aber nicht direkt mit diesen verbunden war. Die TTP kämpfte – unter Einsatz von Terror und Attentaten – für die Errichtung eines Gottesstaats auf pakistanischem Boden. Die Quetta-Schura ging auf Distanz zur TTP, um es sich nicht mit dem ISI zu verscherzen. Das Haqqani-Netzwerk wie auch die Peschawar-Schura unterhielten dagegen gute Kontakte zur TTP. Diese war in beiden Organisationen vertreten, und ihre Kämpfer rekrutierten sich aus den gleichen Medresen. Dennoch machten das Haqqani-Netzwerk wie auch die Peschawar-Schura immer wieder deutlich, dass sich ihr Kampf allein auf Afghanistan richtete und nicht gegen die pakistanische Regierung. Die Verbindungen zur TTP dürften gerade für das Haqqani-Netzwerk wichtig gewesen sein, um dem ISI die Grenzen seiner Einflussnahme aufzuzeigen. Mullah Dadullah, Mitglied der Quetta-Schura, wie auch Serajuddin Haqqani vermittelten gar zwischen pakistanischem Militär und TTP.

Die TTP lieferte sich mit der pakistanischen Armee heftige Kämpfe in den FATA, bei denen weit über eintausenddreihundert pakistanische Soldaten ums Leben kamen. Da diese Stammesgebiete zunehmend zum Rückzugsraum von Dschihadisten avancierten, dehnten auch die USA ihre Drohnenangriffe auf die FATA aus, weit über dreitausend Menschen fielen ihnen zum Opfer. Im Gegenzug weitete die TTP ihre Kampfhandlungen auf die an die FATA angrenzenden Regionen in Pakistan aus. Im Distrikt Swat baute Maulana Fazlullah (1974–2018) – genannt Mullah Radio – 2007 eine Schreckensherrschaft im Namen des Islam auf, die an diejenige der Taliban im Kabul der 1990er-Jahre erinnerte. Obgleich die pakistanische Armee nach lang anhaltenden Kämpfen die Herrschaft der TTP in Swat beenden konnte, blieben die Taliban hier punktuell präsent. So verübten sie am 9. Oktober 2012 ein Attentat auf die Kinderrechtsaktivistin Malala Yousafzai (geb. 1997), die sich für Mädchenbildung einsetzte und 2014 den Friedensnobelpreis erhielt.

Vor allem aber machte die TTP durch spektakuläre Gewalttaten auf sich aufmerksam: So erklärte sie sich verantwortlich für das verheerende Attentat auf das Marriott-Hotel in Islamabad am 28. September 2008, bei dem vierundfünfzig Menschen ums Leben kamen, sowie für eine nicht abreißende Kette von Bombenattentaten in Peschawar und anderen Orten in der Provinz Khyber-Pakhtunkhwa. Während die pakistanische Öffentlichkeit die gewaltsamen Konflikte in den paschtunischen Stammesgebieten noch als «normal» erachtete, hatte die TTP mit den verheerenden Attentaten vom 8. und 12. März sowie vom 1. Juli 2010 auf Militäreinrichtungen in Lahore, der Hauptstadt der Provinz Punjab, den Bogen überspannt. Der dortige Ministerpräsident, Schahbaz Scharif, ließ sich zu dem denkwürdigen und entlarvenden Satz hinreißen: «Wenn die Taliban für dieselbe Sache wie wir kämpfen, dann sollen sie solche Terrorakte nicht im Punjab durchführen.»

Die andauernden Kämpfe mit der pakistanischen Armee sowie die US-Drohneneinsätze zermürbten die TTP zunehmend. So kam Baitullah Mehsud (1974–2009), seit 2007 Emir der TTP, bei einem Drohnenangriff ums Leben, was heftige Machtkämpfe innerhalb der TTP auslöste. Eine Folge hiervor war, dass ab 2010 außerhalb der Stammesgebiete die Aktivitäten der TTP abnahmen – abgesehen von wenigen spektakulären Angriffen auf Stützpunkte des Militärs und auf Sufi- und schiitische Schreine. Die letzte große Attacke war ein Massaker, das die TTP am 16. Dezember 2014 in einer Schule in Peschawar anrichtete, bei dem 149 Menschen – die meisten von ihnen Schulkinder – ermordet wurden. Nicht nur verurteilte die breite Öffentlichkeit dieses Attentat, sondern es verursachte auch ein Zerwürfnis in der TTP. In der Folge kam es immer wieder zu Abspaltungen und Wiedervereinigungen, häufig entlang paschtunischer Stammesidentitäten. So setzte ein weiteres Franchising ein – etwa mit der zeitweisen Ausgliederung der Taliban von Malakand oder der *Tehrik-i-Taliban Punjab* im südlichen Punjab. Mit der Schwächung der TTP zogen viele ihrer Kämpfer nach Ostafghanistan (vor allem Kunar) und gehörten hier zur Keimzelle des sogenannten Islamischen Staates-Khorasan (ISK), der sich Ende 2014 gründete (siehe S. 62 f.). Im Winter 2020/21 fand erneut eine Vereinigung der TTP statt.

Die Maschhad-Schura im Iran

Schließlich sei noch die Maschhad-Schura erwähnt, benannt nach der gleichnamigen Stadt im Osten des Iran. Seit der sowjetischen Besatzung Afghanistans hatte der Iran auf die schiitischen Hazara und die persischsprachige Mudschahedin-Partei *Jamiat-i Islami-ye Afghanistan* gesetzt, die auch in der afghanischen Regierung seit 2001 vertreten waren. Jedoch entwickelte die iranische Regierung schon früh eine pragmatische Einstellung gegenüber den Taliban, da diese die US-amerikanischen Interventionstruppen bekämpften, von denen sich der Iran bedroht fühlte. Nach anfänglich vor allem logistischer Unterstützung (u.a. Medikamente, Training) finanzierten die iranischen Revolutionsgarden (Pasdaran) seit 2007 Taliban-Verbände entlang der iranischen Grenze. Um dem ISI nicht ins Gehege zu kommen, gründeten die Pasdaran 2012 die Maschhad-Schura, die vor allem in Westafghanistan operierte. Giustozzi zufolge betrug die jährliche Förderung durch den Iran seit 2012 160 Mio. US-Dollar. Die Pasdaran stellten der Maschhad-Schura auch militärische Berater zur Verfügung. Anders als etwa die Quetta- oder Peschawar-Schura verzichtete die Maschhad-Schura auf die Gründung von Kommissionen, die sich um Gesundheit, Bildung etc. kümmerten, sondern konzentrierte sich auf die Bekämpfung der US-Armee.

Die Maschhad-Schura avancierte schnell zum Sammelbecken der Taliban-Kommandeure, die sich mit der Quetta-Schura überworfen hatten: 2012 trat ihr zum Beispiel Mullah Naim bei, der in Westafghanistan seine Front unterhielt, 2014 Abdul Qayum Zakir, nachdem er aus der Führung der Quetta-Schura verdrängt worden war (siehe S. 61). Allerdings hielt die Maschhad-Schura nach wie vor die Kontakte mit der Quetta-Schura aufrecht. So wurde Abdul Qayum Zakir (geb. 1973) 2020 in der Quetta-Schura rehabilitiert und zum stellvertretenden Leiter der militärischen Kommission ernannt, die er bis 2014 bereits geleitet hatte.

Aufstandsbekämpfung der USA und Schwächung der Taliban

Die USA und ihre Verbündeten mussten mehr und mehr erkennen, dass ihnen in Süd- und Ostafghanistan die Kontrolle über die ländlichen Regionen entglitt. Als es den Taliban 2007 zum ersten Mal gelang, mit Musa Qala eine Kleinstadt einzunehmen, bedurfte es mehrerer Anläufe der Alliierten und eines enorm hohen militärischen Einsatzes, um die Stadt zurückzuerobern. Die USA verfolgten nun zwei Strategien: Auf der einen Seite schwächte das gezielte Ausschalten von Taliban-Kommandeuren die Schlagkraft der Taliban. Denn mit der Exekution ihrer Kommandeure lösten sich viele Fronten auf bzw. mussten sich diese unter hohem logistischem Aufwand neu organisieren. 2007 stellte ein schwarzes Jahr für die Quetta-Schura dar, da mit Mullah Dadullah und Mullah Faruq gleich zwei einflussreiche Kommandeure durch US-Luftangriffe ums Leben kamen. Auf der anderen Seite avancierte die «Aufstandsbekämpfung» (Counterinsurgency/COIN) zum neuen Zauberwort im Kampf gegen die Taliban. COIN sah eine Zuckerbrot-und-Peitsche-Politik vor. So galt es, die Herzen und Köpfe der Bevölkerung zu gewinnen: Gebiete sollten zunächst militärisch eingenommen, dann gesäubert, gehalten und schließlich aufgebaut werden. Viele ländliche Gemeinden wurden nun mit Entwicklungsprojekten überschüttet, was häufig die lokalen Konflikte um Ressourcenzugang und -kontrolle erst recht anheizte. Der Ansatz, Kämpfer aus den Taliban herauszukaufen und zu demobilisieren, erwies sich als ein Fehlschlag, da kaum jemand bereit war, seine Waffen abzugeben.

Im Zuge von COIN rüsteten die USA 2009 ihre Truppen in Afghanistan auf 130 000 Mann auf – ungefähr die gleiche Truppenstärke, die die Sowjets in den 1980er-Jahren dort im Einsatz hatten. Unter massivem Aufwand gelangen der US-Armee und ihren Verbündeten eine Ausweitung ihrer territorialen Kontrolle und die Verdrängung der Taliban. In den dicht bevölkerten Oasen der Provinzen Kandahar und Helmand, den Hochburgen der Taliban, schien deren Widerstand gebrochen. Dabei spielten strategische Fehleinschätzungen der Taliban dem US-Militär in die Hände. Denn immer wieder stellten sich ganze Taliban-Verbände den US-Truppen in offenen Kämpfen entgegen und wurden aufgrund der technischen Überlegenheit der US-Armee aufgerieben.

Die Taliban griffen meist erst dann auf Guerilla-Taktiken zurück, wenn ihnen die territoriale Kontrolle entglitten war. Viele von ihnen nahmen daher seit 2009 die Intensivierung des US-Kampfeinsatzes zum Anlass, sich vorübergehend nach Pakistan abzusetzen und dort bei ihren Familien auszuharren. Nun, da sie kaum noch Herrschaftsgebiete in Afghanistan kontrollierten, überwogen wieder Guerillatechniken, wie etwa Anschläge durch Sprengfallen und Selbstmorde oder die gezielte Tötung von «weichen Zielen». Hierdurch sollte demonstriert werden, dass die Taliban jederzeit in der Lage seien, die afghanische Regierung und die US-Präsenz herauszufordern. Ereignisse wie die afghanischen Parlaments- und Präsidentschaftswahlen wurden zum Anlass genommen, Attentate auf Wahllokale zu verüben und die Bevölkerung durch Einschüchterung vom Urnengang abzuhalten. Dies war vor allem während der Wahlen 2009 und 2010 der Fall und wurde von autoritären arabischen Staaten (u.a. Saudi-Arabien, Qatar, Ägypten) finanziell unterstützt. Allerdings überlagerten auch ethnostrategische Überlegungen das gewaltsame Vorgehen während der Wahlen: So ermöglichten die Taliban in ethnisch heterogenen Distrikten die Stimmabgabe für paschtunische Kandidaten, um Nicht-Paschtunen vom Machtzugang auszuschließen.

Endgültig gerieten die Taliban seit 2010 in eine Krise, als der ISI Mullah Baradar, die wichtigste Integrationsfigur der Quetta-Schura, in Karatschi verhaftete. Über die Gründe der Festnahme gibt es viele Spekulationen: Eine lautet, dass Mullah Baradar – unautorisiert von pakistanischer Seite – mit dem afghanischen Präsidenten Hamid Karzai über einen Versöhnungsprozess verhandelt habe; eine andere besagt, dass Intrigen innerhalb der

Taliban zur Verhaftung des Mullahs geführt hätten. Bis 2018 stand Abdul Ghani Baradar unter pakistanischem Hausarrest. Als am 2. Mai 2011 auch noch Osama bin Laden durch ein US-Spezialkommando im pakistanischen Abottabad eliminiert wurde, schienen die Strukturen des Dschihad im afghanisch-pakistanischen Grenzgebiet zerschlagen zu sein.

4. Die Rückkehr der Taliban (seit 2012)

Die Wende zu einem erneuten Erstarken der Taliban stellte der Teilabzug der US-Truppen dar, der 2012 auf Druck der US-amerikanischen Innenpolitik begann. Die Aussicht auf einen Abzug dynamisierte die Kriegsmaschinerie der Taliban deutlich. Den permanenten ca. 25 000 bis 35 000 Kämpfern wurden zunehmend Logistik- und Nachschubnetzwerke beigeordnet. Insgesamt wurde die Stärke der Taliban inklusive ihrer Reservisten und zivilen aktiven Unterstützer, die mit Informationen, Schutzräumen und Verpflegung aufwarteten, auf 200 000 Mann geschätzt. Wie sehr die Taliban gerade die Reservisten benötigten, wird darin ersichtlich, dass ihre jährlichen Verluste in den Kampfeinheiten bei 10–20 Prozent lagen.

Mit dem Aufbau dieser Nachschub- und Logistiknetzwerke ging eine Professionalisierung der Kampftechniken einher. So erfolgte der Übergang von selbstgebauten zu industriell hergestellten Sprengfallen, da die Taliban die notwendigen Materialien für deren Herstellung auf globalen Märkten einkauften. Allein in der Provinz Kandahar sollen 2014 ca. 20 000 Sprengfallen und Minen zum Einsatz gekommen sein. Seit 2010 lieferte der Iran zudem industriell hergestellte Minen und Raketen an die Taliban. Das Gros der Waffen – meist russische Fabrikate – wurde in Usbekistan eingekauft. Eine militärische Ausbildung wurde zur Pflicht. Auch setzte 2009 als eine neue Kampftechnik die Infiltration der afghanischen Armee ein, indem sich Taliban als Soldaten einschleusten und dann auf die (amerikanischen) Ausbilder oder die Kameraden das Feuer eröffneten.

Aufgrund dieser Professionalisierung konnten die Taliban seit 2012 kontinuierlich in die Stellungen vorrücken, die die US-Armee aufgab und die die afghanischen Sicherheitskräfte nicht in der Lage waren zu halten. Denn Letztere befanden sich nach wie vor in einem so desolaten Zustand, dass sie dem Erstarken der Taliban nichts entgegenzusetzen hatten. So nahm mit dem sukzessiven Abzug der US-Truppen die Anzahl der Opfer unter der afghanischen Armee drastisch zu. Im Jahr 2016 soll sie bei ca. 10000 Mann gelegen haben. Nun traten die Taliban auch immer wieder in starken Verbänden von mehreren Hundertschaften auf, um ganze Distrikte einzunehmen – nicht nur in ihren Hochburgen in Süd- und Ostafghanistan, sondern auch in nördlichen Provinzen wie Badakhschan, Kunduz oder Faryab. 2015 hatten die Taliban in etwa wieder die territoriale Kontrolle erlangt wie zu ihren Hochzeiten vor der «Aufstandsbekämpfung» der USA. Zwischen 2015 und 2018 gelang es ihnen, die Zahl der von ihnen kontrollierten Distrikte zu verdoppeln.

Taliban-Kabale (2012–2016)

Seit 2012 zeichnete sich eine Reorganisation der Taliban ab. Die Peschawar-Schura und das Haqqani-Netzwerk wurden nicht allein symbolisch in die Quetta-Schura eingebunden, sondern auch über Ressourcenzugänge und militärische Befehlsgewalt. Der ISI war die treibende Kraft hinter dieser Neuformierung. Die wesentliche Herausforderung bei dieser Umstrukturierung war, dass die Führer innerhalb der Taliban aufgrund von Macht- und Ressourcenkonkurrenz untereinander zerstritten waren, wie im Folgenden an den Konflikten um Akhtar Mohammed Mansur verdeutlicht werden soll.

Ähnlich wie in den Jahren 2002 bis 2007 Mullah Dadullah zur Reizfigur innerhalb der Quetta-Schura geworden war, erging es 2012 bis 2016 Akhtar Mohammed Mansur (1968–2016). Er war von 2001 bis 2007 Schattengouverneur der Taliban in Kandahar gewesen, unterhielt eine schlagkräftige Front und war stark in die Drogenökonomie involviert. Zudem war er ein enger Gefolgsmann von Mullah Baradar, weshalb er seit dessen Gefangennahme inoffiziell zum Führer der Taliban aufstieg. Auf Mansur geht die Professionalisierung vieler Governance-Strukturen der Taliban zurück (siehe Kapitel 5). Allerdings befand sich Mansur in einer Dauerfehde mit Abdul Qayum Zakir, einem einflussreichen Taliban-Kommandeur der 1990er-Jahre, der 2001 bis 2007 in Guantanamo gefangen gehalten wurde und nach seiner Rückkehr nach Afghanistan zum militärischen Leiter der Quetta-Schura aufgestiegen war. Beide lieferten sich nicht nur einen Machtkampf in der Quetta-Schura, sondern es bekämpften sich auch ihre Fronten in Südafghanistan. Nicht von ungefähr gehörten Mansur und Zakir zwei Stämmen (Ishaqzai und Alizai) an, die seit Generationen miteinander in erbitterter Konkurrenz um Wasser und Boden standen. Mansur setzte Ende 2014 schließlich die Entmachtung von Zakir in der Quetta-Schura durch. Zakir schloss sich daraufhin der Maschhad-Schura an, die der Iran aus der Taufe gehoben hatte (siehe S. 55).

Anfang 2015 war Mansur somit der starke Mann in der Quetta-Schura. Diese Position wollte er dadurch krönen, als Nachfolger von Mullah Omar zum obersten Taliban-Führer gewählt zu werden. Seit einigen Jahren kursierten Gerüchte über den Tod vom Mullah Omar, und der ISI hatte wohl schon 2013 Mansur und Zakir – als wichtigste Repräsentanten der Quetta-Schura – über dessen Ableben unterrichtet. Im Sommer 2015 gab Mansur den Tod von Mullah Omar offiziell bekannt. Prompt warfen Mansurs Gegner ihm vor, Mullah Omar selbst ermordet zu haben. Wie bereits bei der Ermordung von Mullah Dadullah oder bei der Festnahme von Mullah Baradar suchten die Konkurrenten den Feind in den eigenen Reihen der Taliban. Mit dem Bekanntwerden des Todes von Mullah Omar entbrannte ein erneuter Zwist: Nun stieg Yaqub, der Sohn Mullah Omars, zum wichtigsten Kontrahenten von Mansur auf. Es entspann sich ein klassischer Führungsstreit, ob der junge und unerfahrene Yaqub (geb. 1990) als direkter männlicher Nachkomme von Mullah Omar die Führungsrolle geerbt habe oder Mansur, der sich als Kommandeur seine Meriten verdient hatte. Am 29. Juli 2015 wählte eine Schura Mansur zum neuen *amir al-muminin*, wenngleich dies die Risse innerhalb der Taliban vertiefte. Mansur hatte zwar einen Sieg davongetragen, aber seine Machtposition in der Quetta-Schura war geschwächt, zumal seine Kampfverbände nun in offene Auseinandersetzungen mit seinen Kontrahenten (u.a. Mansur Dadullah) verwickelt wurden.

Der ISI soll maßgeblich dafür gesorgt haben, dass sich in der Folge die Peschawar-Schura und das Haqqani-Netzwerk unter dem Dach der Quetta-Schura vereinten und den Haqqanis die militärische Führung aller Taliban-Einheiten anvertraut wurde. Der neue Stern am Himmel war Serajuddin Haqqani, der die Leitung der militärischen Kommission übernahm und damit Akhtar Mansurs Führungsanspruch unterminierte. Serajuddins Stellvertreter wurde Omars Sohn Yaqub, der zu Serajuddin eine freundschaftliche Beziehung pflegte. Unter Serajuddin wurden erstmals alle größeren militärischen Operationen gebündelt; es folgten koordinierte Offensiven in ganz Afghanistan, die zu beträchtlichen territorialen Gewinnen der Taliban führten. Einen Vorgeschmack auf die neue Stärke der Taliban signalisierte ihre zwei Wochen andauernde Einnahme von Kunduz im September 2015.

Wohl aufgrund dieses zunehmenden Einflusses des ISI auf die Quetta-Schura suchte Akhtar Mansur seit März 2016 Gespräche mit dem Iran. Am 21. Mai 2016 schaltete eine US-Drohne Akhtar Mansur in Belutschistan (Pakistan) aus, als dieser auf einem Motorrad von Iran nach Pakistan zurückreiste. Dem ISI wird vorgeworfen, die Koordinaten von Akhtar Mansur an die USA weitergeleitet zu haben. Denn dieser hatte sich nicht nur an den Iran angenähert, sondern sich auch für Friedensverhandlungen mit Kabul stark gemacht. Neuer *amir al-muminin* wurde Haibatullah Akhund (geb. 1961) – ein Kompromisskandidat, der eher Kleriker als Kämpfer war und sich in den folgenden Jahren nicht offen in die Politik einmischte.

Irritationsmoment Islamischer Staat-Khorasan (ISK)

Vor seiner Ermordung hatte es Mansur noch mit einer neuen Herausforderung zu tun: der Konkurrenz durch den selbsternannten und aus Raqqa bestätigten Ableger des sogenannten Islamischen Staates (IS). Ehemalige TTP-Anhänger, afghanische ex-Taliban, vormalige al-Qaida Mitglieder und zentralasiatische

Dschihadisten begründeten die IS-Provinz Khorasan (ISK) – eine Anspielung auf die territorialen Ambitionen der Gruppe. Denn das historische Khorasan umfasst im Kern Afghanistan und weite Teile des Iran, Zentralasiens, Pakistans bis Indien. Die Gruppe im afghanisch-pakistanischen Grenzgebiet schwor Ende 2014 einen Eid auf den IS-Kalifen Abu Bakr al-Baghdadi, und im Januar 2015 erfolgte die offizielle Verlautbarung über die Expansion des IS in Iraq und Syrien (ISIS) in Form der neuen Provinz. Die territoriale Ausdehnung des ISK in verschiedenen Regionen Afghanistans mit Schwerpunkt in den an Pakistan angrenzenden Provinzen Nangarhar und Kunar ist vor allem der internen Schwächung der Taliban zu diesem Zeitpunkt zuzuschreiben. So waren viele Kommandeure von den Kabalen in der Taliban-Führung sowie den sich anbahnenden Friedensverhandlungen zwischen der Quetta-Schura und den USA frustriert (siehe S. 44 ff.).

In der Gründung des ISK erkannten daher viele Taliban die Möglichkeit, ihren dschihadistischen Prinzipien treu zu bleiben. Dabei spielte auch eine Rolle, dass sie im ISK – nicht zuletzt aufgrund der Ausdehnung im Nahen Osten sowie der Propaganda – einen potenteren Akteur erkannten, der eine eschatologische Prophezeiung zu erfüllen schien und zudem finanziell gut ausgestattet war. Lokale Taliban in mehreren Distrikten Nangarhars (u.a. Spin Ghar, Achin) liefen zum ISK über und kämpften fortan gegen ihre ehemaligen Waffenbrüder. Die Fragmentierungen waren aufgrund zunehmender Gewalt zwischen Taliban und ISK beträchtlich und drohten den Zusammenhalt und die Identität der Taliban grundlegend infrage zu stellen. Akhtar Mansur forderte daher den ISIS-Kalifen al-Baghdadi im Juni 2015 in einem Brief auf, sich von Syrien aus nicht in die dschihadistischen Angelegenheiten Afghanistans einzumischen.

Mit der Ernennung von Akhtar Mansur zum *amir al-muminin* im Sommer 2015 erhielten die interne Fragmentierung der Taliban und die Zahl der Überläufer zum ISK eine neue Dynamik: In Südafghanistan lieferten sich die Taliban Kämpfe mit der abtrünnigen Front von Mansur Dadullah, dem jüngeren Bruder von Mullah Dadullah, die zum ISK übergelaufen war.

Hierbei kam Mansur Dadullah ums Leben. Auch das Haqqani-Netzwerk kooperierte wohl punktuell mit dem ISK. So befanden sich die Taliban – trotz militärischer Überlegenheit – bis 2018 in fast der Hälfte aller Provinzen in hartnäckigen Auseinandersetzungen mit dem ISK. Der ISK soll in seiner Hochzeit 2016 über 2 500 bis 8 500 Kämpfer verfügt haben. In den Folgejahren gelang es den Taliban sukzessiv, ISK-Kämpfer zu entwaffnen und unter Hausarrest zu stellen. Salafistische Medresen wurden geschlossen. Viele ISK-Anhänger flohen nach Nangarhar und Kunar, in die letzten Hochburgen des ISK. 2019 gelang es den Taliban, die verbliebenen Bastionen des ISK in diesen beiden Provinzen einzunehmen. Ermöglicht wurde dies ausgerechnet durch die Hilfe der afghanischen und der US-Armee, denn die Taliban erschienen in den Augen des US-Militärs als das kleinere Übel. So unterstützten gezielte Luftschläge der US-Armee gegen Stellungen des ISK wie auch die Zusammenarbeit mit der afghanischen Armee (u. a. Zugang zur Front) die Offensive der Taliban.

Trotz seiner Zerschlagung macht der ISK bis heute mit teilweise spektakulären komplexen Anschlägen – gerade gegen schiitische Moscheen – in Afghanistan auf sich aufmerksam. Dies ist ein Indikator dafür, dass sich die Terrororganisation entweder unter neuer Führung auf die Aktivierung urbaner Schläferzellen konzentriert oder neue Unterstützung durch Sponsoren erhält, um damit das Gewaltmonopol der Taliban und des Emirats durch Terror infrage zu stellen. Beide Erklärungen sind plausibel.

Versuchte Versöhnung: Abzugs- und Friedensverhandlungen

Wenngleich informelle Gespräche zwischen den Taliban und der afghanischen Regierung in der Vergangenheit immer wieder stattfanden, machte die Regierung erst 2010 mit der Gründung eines Hohen Friedensrates einen ersten offiziellen Schritt. Dem Gremium gehörten ausschließlich Vertreter der Nordallianz und rehabilitierte ehemalige Taliban an. Es blieb allerdings ein

Versöhnung mit Ex-Taliban

Die Geschichte der Versöhnungsbemühungen zwischen Taliban und afghanischer Regierung ist so alt wie die Existenz der Regierung. Bereits Ende 2001 hatte es erste Kontakte zwischen Taliban-Führern wie Mullah Baradar und Tayyeb Agha (geb. 1976), dem Bürochef von Mullah Omar, mit Interimspräsident Karzai gegeben. Damals sollen sie das Scheitern des Emirats eingestanden und Karzai als Übergangspräsidenten akzeptiert haben. Sie boten an, sich politisch völlig zurückzuziehen, wenn die Regierung ihnen Immunität gewähren würde. Da weder die in der Regierung dominante Nordallianz noch die USA dies billigten, ging Karzai auf diese Initiative nicht ein. Taliban-Führer, die in Pakistan eine Partei gegründet hatten, um ihre Rückkehr nach Afghanistan auszuhandeln, wurden anfangs ignoriert, durften sich aber seit 2004 in Kabul aufhalten, mit der Auflage, politisch inaktiv zu bleiben. Erst seit 2010 berief die Karzai-Regierung einige ihrer Vertreter in den Hohen Friedensrat. Einzelne Ex-Taliban wurden zudem in Staatsämter (u. a. Distrikt- und Provinzgouverneure) kooptiert. Auch legte die Regierung mehrere Programme auf, um ehemalige Kämpfer und Führungsleute der Taliban wie auch der *Hezb-i Islami* von Gulbuddin Hekmatyar (HIG) «zu versöhnen» und in die zivilen Strukturen zu «re-integrieren». Die Programme litten allerdings unter Missmanagement und konnten ehemaligen Kämpfern keine Sicherheit oder nachhaltige Einkommensalternativen bieten. Ende 2016 schlossen die afghanische Regierung und die HIG ein offizielles Versöhnungs- und Friedensabkommen. Jedoch scheiterte erneut die (Re-)Integration der ehemaligen Kämpfer, da keine ökonomische Perspektive aufgezeigt werden konnte. Was ursprünglich als Blaupause für einen möglichen Deal der afghanischen Regierung mit den Taliban gedacht war, entpuppte sich als Fehlschlag.

stumpfes Instrument, da die Taliban-Führung es kategorisch als parteiisch ablehnte.

Die Eröffnung eines Verbindungsbüros der Taliban in Doha 2013 brachte Bewegung in die Verhandlungen. So erklärten sich die Taliban bereit, mit den USA in Friedensverhandlungen zu treten. Der Eröffnung des Doha-Büros waren informelle Gespräche zwischen den Taliban und den USA vorausgegangen, da dies de facto eine diplomatische Aufwertung der Taliban bedeutete. Gleichzeitig konnten sich die Taliban mit dem neuen Standort der pakistanischen Einflusssphäre entziehen. In ihrer Bereitschaft zu Friedensverhandlungen zeigte sich die Haltung der Taliban als weniger orthodox als oftmals angenommen. Doch führte die Eröffnung des Doha-Büros zu erheblichen Verstimmungen innerhalb der Taliban, da militante Mitglieder hierin einen Verrat an ihren – bislang für unumstößlich gehaltenen – Prinzipien sahen. Dass die Taliban-Führung nun Kompromissbereitschaft zeigte, werteten viele Beobachter als Erfolg der seit 2009 stattfindenden Aufstandsbekämpfung der USA, die die Taliban zum Einlenken bewegt habe. Dieser Sichtweise steht allerdings entgegen, dass schon zwischen 2008 und 2010 viele informelle Anbahnungsgespräche stattgefunden hatten und die USA bereits 2012 mit dem Abbau der Truppenpräsenz in Afghanistan begonnen hatten.

Auch wenn in den ersten Jahren in Doha keine offiziellen Gespräche stattfanden, erzielten die Taliban Teilerfolge: 2014 erwirkten sie etwa die Freilassung von fünf in Guantanamo inhaftierten hochrangigen Taliban (*the Taliban Five*) im Austausch für den seit 2009 von den Taliban festgehaltenen US-Soldaten Bowe Bergdahl. Ihre Forderung, nur mit den USA zu verhandeln und die afghanische Regierung auszuschließen, blockierte allerdings in den Folgejahren die Aufnahme von Gesprächen. Zusätzlich erschwerten Führungsstreitigkeiten innerhalb der Taliban – nach dem Bekanntwerden des Todes von Mullah Omar wie auch nach der Eliminierung von Akhtar Mohammed Mansur – die Bereitschaft zu Gesprächen.

Wendepunkt für die Verhandlungen war der Regierungswechsel in den USA. So drängte Donald Trump, der am 20. Januar 2017 die US-Präsidentschaft übernahm, auf einen schnellen Abzug aus Afghanistan. Die US-Regierung unter dem Sondergesandten Zalmay Khalilzad (geb. 1951) stimmte direkten Gesprächen unter Ausschluss der afghanischen Regierung zu. Auf Druck der USA hob Pakistan den Hausarrest für Mullah Baradar auf, der seit Oktober 2018 die Verhandlungsdelegation der Taliban anführte. Als vor Aufnahme der Direktgespräche im Sommer 2018 erstmals ein dreitägiger Waffenstillstand eingehalten wurde, stimmte dies viele Beobachter optimistisch. Das Einsetzen intensivster Gewalt durch die Taliban nach Ablauf dieser drei Tage demonstrierte jedoch vor allem den hohen Grad an Organisationskraft und Disziplin der Bewegung und war ein Beleg für die erfolgreiche Mobilisierung der Opfer- und Gewaltbereitschaft ihrer Anhänger. Denn die Taliban erhielten – ähnlich wie die USA in den Jahren zuvor – während der Verhandlungen in Doha ein hohes Maß an Gewalt aufrecht, um ihre Position zu stärken. So verübten sie 2018/19 zahlreiche Anschläge mit vielen Opfern und verwickelten die afghanischen Regierungstruppen an mehreren Fronten in schwere Gefechte mit großen Verlusten auf Regierungsseite. Am 29. Februar 2020 unterzeichneten beide Seiten schließlich das Doha-Abkommen: Es regelte den Truppenabzug der ausländischen Streitkräfte bis Ende April 2021 und einen Waffenstillstand mit diesen, nicht jedoch mit den afghanischen Streitkräften. Die Taliban sicherten zu, Aktivitäten terroristischer Gruppen auf afghanischem Territorium nicht zu dulden.

Die berechtigte Kritik an den Verhandlungen in Doha war, dass sie aufgrund des Drucks von Donald Trump im Eiltempo durchgepeitscht wurden, die afghanische Regierung nicht beteiligt war und keine vertrauensbildenden Maßnahmen zwischen der afghanischen Regierung und den Taliban stattgefunden hatten. Daher verzögerte sich auch der Start der innerafghanischen Friedensgespräche zwischen der afghanischen Regierung und den Taliban, der bis spätestens 10. März 2020 vorgesehen war. Dies lag zum einen daran, dass sich nach den afghanischen Präsidentschaftswahlen Ende 2019 aufgrund heftiger Kontroversen zwischen Präsident Aschraf Ghani und Herausforderer Abdullah Abdullah (geb. 1960) die Regierungsbildung bis in den Mai 2020 verzögerte. Zudem hatten die Taliban als Vorbedingung für Gespräche die Freilassung von 5 000 gefangenen Taliban gefordert. Darunter sollten bestimmte Taliban-Führer sein, die die afghanische Regierung als hochgefährlich einstufte. Als diese daher zögerte, verübten die Taliban innerhalb von sechs Wochen im Frühjahr 2020 mehr als 4 500 Angriffe, bei denen über 900 afghanische Sicherheitskräfte ums Leben kamen. Erst auf Druck der USA kam die afghanische Regierung im August 2020 der Freilassungsforderung nach und ebnete so den Weg für Friedensgespräche, die am 12. September begannen. Trotz des hohen Symbolwerts der Auftaktveranstaltung verliefen die Verhandlungen sehr zäh. In der Retrospektive sahen die Taliban wohl keinen Grund mehr, am Verhandlungstisch Ergebnisse zu erzielen, da sie sich schon längst auf die militärische Machtübernahme Afghanistans vorbereiteten. Kabul wurde seit Herbst 2020 von verheerenden Bombenattentaten heimgesucht. Während die Regierung als Voraussetzung für die Aufnahme von Verhandlungen auf einen Waffenstillstand drängte, priorisierten die Taliban Gespräche über Möglichkeiten und Formate ihrer Regierungsbeteiligung. Die Konfliktparteien brauchten drei Monate, um sich auf den grundlegenden Ablauf und Regeln für die Verhandlungen zu einigen. Dennoch scheiterte eine erste, für Anfang Januar 2021 anberaumte Verhandlungsrunde.

Die Rückeroberung Kabuls 2021

Unabhängig von den Friedensverhandlungen vollzog sich bis Anfang Februar 2021 der US-Truppenabzug nach Plan. Auch hielten sich die Taliban an das Doha-Abkommen und verübten keine weiteren Anschläge auf das US-Militär. Erst mit dem Regierungsantritt der Demokraten unter dem neu gewählten US-Präsidenten Joe Biden ergab sich eine Plananpassung. Am 14. April 2021 verlängerte er die Frist des Gesamtabzugs der US- und NATO-Streitkräfte von Ende April auf das symbolische Datum des 11. September 2021, ohne weitere Konditionen wie die im Abkommen ebenfalls festgelegte Verringerung der Gewalt daran zu knüpfen. Die Taliban nutzten nun die aus ihrer Sicht einseitige Verletzung des Doha-Abkommens als Legitimation für eine Intensivierung ihrer Offensive ab dem 1. Mai 2021 – dem Datum des ursprünglich vereinbarten und von den USA nicht eingehaltenen vollständigen Rückzugs.

Die Rückeroberung Afghanistans durch die Taliban erfolgte in einer atemberaubenden Geschwindigkeit und mit höchster

Disziplin. Zu Recht kann hier die Handschrift pakistanischer Militärberater vermutet werden: So hatten die Taliban die lokale Machtübergabe durch zahlreiche Gespräche und Verhandlungen in den vergangenen Monaten intensiv vorbereitet. Viele Afghanen zogen nach vierzig Jahren Krieg, in dem das Gute längst nicht mehr zu erkennen war, eine erneute Herrschaft der Taliban einem nicht enden wollenden Krieg vor. Die afghanische Armee – zermürbt von den jahrelangen Kämpfen – konnte der Entschlossenheit und Opferbereitschaft der Taliban mental wenig entgegensetzen. Auch versprachen die Taliban den afghanischen Sicherheitskräften freies Geleit und den Verzicht auf Rache, sofern sie ihre Waffen an die Taliban übergaben.

In der ersten Hälfte des Jahres 2021 nahmen die Taliban viele ländliche Distrikte ein, in denen sie ohnehin schon über einen Rückhalt verfügten. Seit Juni eroberten sie Distriktstädte und isolierten die Provinzstädte vom übrigen Land. Dass gerade Provinzen, die eher als Rückhalt der Regierung galten, wie etwa Badakhschan im Nordosten des Landes, frühzeitig an die Taliban fielen, war eine Folge langfristiger systematischer Unterwanderung durch die Taliban der Peschawar-Schura. Aus Badakhschan flüchteten Anfang Juli 2021 über tausend afghanische Soldaten nach Tadschikistan. Die Eroberungszüge der Taliban nahmen nun zunehmend Fahrt auf: Am 8. August fiel Kunduz als erste große Provinzstadt in ihre Hände; es folgten die Eroberung von Herat, Kandahar und Mazar-i Scharif zwischen dem 12. und 14. August. Nur vereinzelt – wie in Laschkar Gah und in Spin Boldak – kam es zu heftiger Gegenwehr afghanischer Sicherheitskräfte. Am 15. August standen die Taliban vor den Toren Kabuls. Die afghanische Armee hatte sich binnen Stunden aufgelöst; Präsident Aschraf Ghani floh noch am selben Tag ins Ausland.

Die internationale Gemeinschaft wurde von dem rasanten Vorrücken der Taliban kalt erwischt, da Vorkehrungen für eine Evakuierung nur schleppend angelaufen waren. Auf dem Flughafen Kabuls, den nach wie vor US-Streitkräfte kontrollierten, ereigneten sich tumultartige Szenen. Denn nicht nur die verbliebenen Ausländer, sondern auch viele Afghanen flohen in Panik vor den vorrückenden Taliban hierhin. Das Chaos ausnutzend, verübte der ISK am 26. August ein Attentat auf dem Flughafen, dem über 170 Afghanen und 13 US-Soldaten zum Opfer fielen. In einer Luftbrücke, die die Taliban bis zum 31. August zuließen, evakuierten die USA und ihre Verbündeten über 116000 Menschen aus Afghanistan. Die Taliban waren bemüht, die Situation nicht weiter eskalieren zu lassen, indem sie die Evakuierung nicht behinderten, sondern mit den USA kooperierten.

Obwohl die Taliban eine inklusive Regierung angekündigt hatten, zeigte die Übergangsregierung, deren Mitglieder in den ersten Wochen bekannt gegeben wurden, in eine andere Richtung: Frauen wurden nicht in Ämter berufen, und die Regierung setzte sich vornehmlich aus Paschtunen zusammen. *Amir al-muminin* Haibatullah Akhund stellt die höchste Autorität in der afghanischen Übergangsregierung dar, wenngleich sein politisches Gewicht eher als schwach eingeschätzt wird. Ein besonderer Schlag ins Gesicht der USA dürfte gewesen sein, dass ehemalige Häftlinge aus Guantanamo, u. a. die berüchtigten *Taliban Five*, mit hohen Regierungsposten betraut wurden. Innerhalb der Übergangsregierung kam es am 10. September 2021 zum Eklat über die zukünftige Ausrichtung: Vor allem die Gründungsmitglieder der Taliban, die sich für eine diplomatische und gemäßigte Haltung aussprachen, gingen geschwächt aus diesem Treffen hervor. So wurde etwa Mullah Baradar, die graue Eminenz der Taliban, mit der symbolischen Rolle des Vizechefs der neuen Regierung abgespeist. Dagegen etablierte sich das Haqqani-Netzwerk, das die USA als Terrororganisation einstufen, als die dominierende Kraft. Vor allem in Kabul scheint es derzeit (Stand: Januar 2022) die militärische Kontrolle innezuhaben. Serajuddin Haqqani wurde mit dem einflussreichen Amt des Innenministers betraut.

Die Taliban behielten in den folgenden Wochen ihr diszipliniertes Auftreten bei. Anders als in den 1990er-Jahren verzichteten sie zunächst weitgehend auf die Einführung drakonischer Maßnahmen. Gleichwohl stellten die Disziplinierung der eigenen Truppen und die Herstellung von Sicherheit die größte Herausforderung für die Bewegung dar: So schnellte die Anzahl von Plünderungen und Überfällen, die oftmals von Mitläufern der Taliban begangen wurden, in die Höhe.

Auch wenn die Taliban bislang eine Antwort schuldig geblieben sind, wie die politische Verfasstheit des Emirats Afghanistan aussehen und wie die Scharia angewendet werden soll, lässt sich bereits in vielen gesellschaftlichen Feldern ihre Handschrift erkennen. Dies betrifft vor allem die Rolle von Frauen, die sie erneut aus der Öffentlichkeit verbannten (siehe S. 96). In den Bereichen Meinungsfreiheit und Demokratie machten die Taliban deutlich, dass drastische Einschränkungen zu befürchten sind. So beendeten sie Demonstrationen in Jalalabad, Kabul und Kandahar gewaltsam. Dennoch setzen sie zur Aufrechterhaltung ihrer Ordnung bislang nur sparsam Gewalt ein. Dies mag auch daran liegen, dass Bilder von schlagenden Taliban schnell ihren Weg in die sozialen Medien fanden. Es ist den Taliban gegenwärtig wichtig, in der internationalen Öffentlichkeit negative Schlagzeilen zu vermeiden.

Die internationale Gemeinschaft hat bislang die Taliban nicht anerkannt. Allerdings hielten Staaten wie Pakistan, Usbekistan, Russland, China, der Iran, Saudi-Arabien und Qatar ihre diplomatischen Vertretungen in Kabul offen. Viele dieser Staaten lassen zumindest durchblicken, mit den Taliban kooperieren zu wollen (siehe S. 104). Die Vereinen Nationen verhängten Sanktionen gegen die Taliban. Die internationalen Konten der afghanischen Regierung wurden eingefroren, der offizielle Handel kam zum Erliegen. Leidtragende dieser Politik war vor allem die afghanische Bevölkerung. Aufgrund der Sanktionen und Missernten setzte im Winter 2021/22 eine Hungersnot in Afghanistan ein. Die internationale Gemeinschaft war bemüht, unter Umgehung der Taliban Hilfe für die notleidende Bevölkerung zur Verfügung zu stellen.

5. Der Schattenstaat

Seit ihrer Reorganisation war den Taliban sehr daran gelegen, sich als (bessere) Alternative zur afghanischen Regierung zu präsentieren und Regierungsfähigkeit wie auch ein Verantwortungsbestreben an den Tag zu legen. Daher etablierte die Quetta-Schura eine Vielzahl von Strukturen, die eine Parallelregierung abbildeten. Auf der operativen Ebene lassen sich die Bemühungen als Schattenstaatlichkeit zusammenfassen. Dieses Kapitel gibt einen Einblick in den Facettenreichtum dieser quasi-staatlichen Strukturen für die Ökonomie, Politik und Medienarbeit der Taliban.

Finanzierung und Ökonomie

Eine grundlegende Behauptung über die Taliban besagt, dass sie sich in erster Linie aus der Drogenwirtschaft finanzieren. Dies schließt die Besteuerung des Anbaus von Schlafmohn, die Verfeinerung des daraus gewonnenen Rohopiums als Heroin, die Besteuerung von Drogenlaboren und des Handels mit Rohopium und seinen Produkten ein. Seit Beginn der 1990er-Jahre erweiterte sich das Spektrum der Drogen in Afghanistan und schließt neben Cannabis und Haschisch auch synthetische Drogen wie Methamphetamine ein. Einnahmen aus der lokalen Besteuerung des Schlafmohnanbaus und -handels behielten lokale Taliban-Kommandeure zur Deckung eigener Ausgaben in ihren Einheiten und führten diese nicht an die zentrale Schura ab. So konnten die Taliban immer offiziell bestreiten, dass sie Einkünfte aus dem Drogenhandel beziehen.

Insgesamt ist die Drogenwirtschaft jedoch bei Weitem nicht so bedeutend für die Finanzierung der Taliban, wie dies allgemein angenommen wurde. Jüngste Forschungen kommen zu dem Ergebnis, dass die Taliban jährlich nicht mehr als 35 Mio.

US-Dollar aus der Drogenwirtschaft einnahmen. Diese Zahl für 2020 – in dem Afghanistan die vierthöchste jemals dokumentierte Produktionsmenge an Rohopium erzielte – steht im krassen Gegensatz zu den von den Vereinten Nationen kalkulierten Schätzungen, die zuletzt von 400 Mio. US-Dollar für 2020 ausgingen. Die Diskrepanz ergibt sich daraus, dass die Kalkulation der Vereinten Nationen auf vermeintlich fixen hohen Steuersätzen basiert, während Feldforschung zeigt, dass die Besteuerungen lokal ausgehandelt wurden und in der Regel weit niedriger lagen. Diese Erkenntnisse entkräften die Behauptungen, die Taliban seien wirtschaftlich abhängig vom Drogenanbau und -handel oder hätten ein Monopol darauf. Ähnlich wie die Rolle der Drogenwirtschaft wurde auch die Besteuerung des Bergbaus (vor allem Kohle und Talkstein) überschätzt.

Stattdessen ist die Besteuerung legaler Güter eine der wichtigsten Einnahmequellen der Taliban. Dies lässt sich an der Provinz Nimruz verdeutlichen, die an den Iran und Pakistan angrenzt: Hier machte die Besteuerung der Drogenwirtschaft 2020 nur 9 Prozent (5,1 Mio. US-Dollar) der Taliban-Einnahmen aus, die Besteuerung des Warenverkehrs entlang den Fernverkehrsstraßen dagegen 70 Prozent (40,1 Mio. US-Dollar) der Gesamteinnahmen. Weitere Steuereinnahmen erzielten sie aus legalem landwirtschaftlichem Anbau (8 Prozent), Landbesitz (2 Prozent) sowie der Besteuerung von Entwicklungsprojekten oder Menschenhandel mit jeweils 1 Prozent. Die einträglichsten Transporte legaler Güter stellen LKW-Ladungen mit Reifen, Autoersatzteilen, Zigaretten sowie Benzintanker dar. Während der zwanzig Jahre internationaler Truppenpräsenz in Afghanistan gehörte die Besteuerung von Versorgungskonvois der USA und ihrer Verbündeten zu den lukrativsten Geschäften von Taliban-Kommandeuren.

Von der Besteuerung wurden Bauern mit kleinen Flächen und solche, die lediglich Gemüse anbauten oder magere Ernten erwirtschafteten, sowie Besitzer kleiner Viehherden ausgenommen. Zudem wurden bei der Versorgung von Taliban-Kämpfern, die zum Beispiel Checkpoints am Rande ländlicher Siedlungen betriebenen, ökonomisch schwache Haushalte nicht in die Pflicht genommen, sich an der rotierenden Bereitstellung von Mahlzeiten und Brennholz zu beteiligen. In vielen Orten erfolgte die alltägliche materielle Unterstützung der Taliban in oder von Moscheen aus und wurde somit praktisch mit einer religiösen Pflicht gleichgesetzt. So sammelten die Mullahs freiwillig abgegebene Spenden (Kleidung, Schuhe) bessergestellter Bewohner oder von solchen mit Geschäftsaktivitäten, die sich nebenbei zukünftige Vorteile davon versprachen.

Das Gros der finanziellen Unterstützung der Taliban kam aus dem Ausland. Es ist eine interessante Parallele, dass sowohl die Taliban als auch die afghanische Regierung in den letzten Jahren zu ca. 80 Prozent aus dem Ausland finanziert wurden. Die Taliban erhielten laut Giustozzi (2018) 54 Prozent ihrer Einnahmen von ausländischen Staaten (vor allem den Golfstaaten, Pakistan, Iran, aber auch Russland und China), 10 Prozent aus privater Hand im Ausland; weitere 16 Prozent sollen andere dschihadistische Organisationen wie al-Qaida oder kurzzeitig auch der ISK beigesteuert haben. Die meisten Sponsoren wickelten ihre Finanzspritzen über den ISI ab. 2008 und 2009 wurden laut Giustozzi jeweils 150 Mio. US-Dollar auf diesem Weg an die Quetta-Schura gezahlt; 2014 erhielten die Taliban insgesamt rund 900 Mio. US-Dollar aus dem Ausland. Dem ISI kam für derlei Transaktionen die Rolle eines natürlichen Gatekeepers zu, der die Geldströme Richtung Peschawar- oder Quetta-Schura strategisch abwog und entsprechend pakistanischen Interessen beförderte oder einschränkte. Als etwa Pakistan daran gelegen war, dass die Taliban Verhandlungen mit der afghanischen Regierung zustimmten, hielt der ISI die militärisch ausgerichtete Peschawar-Schura finanziell kurz und leitete größere Finanzströme an die Quetta-Schura, die ein größeres politisches Gewicht einbrachte.

In den Jahren, in denen externe Finanzflüsse rückläufig waren (z. B. 2015), glichen die Taliban die Verluste durch höhere Inlandseinnahmen oder Reserven aus. Externe Ressourcenflüsse unterlagen zudem geopolitischen Abwägungen. Der Iran und diverse Golfstaaten konkurrierten etwa seit 2014 auf mehreren Kriegsschauplätzen (u. a. Jemen, Syrien, Irak) und waren darauf bedacht, in Afghanistan nicht dieselbe Gruppierung zu fördern. Wenn also eine Taliban-Front saudisches Geld erhalten wollte, sollte sie kein iranisches Geld annehmen.

Ausländische Kapital-, Waffen- und Technologielieferungen schmierten die Kriegsmaschinerie der Taliban seit 2004 effektiv, indem sie vor allem einzelne militärische Fronten der Taliban als Teile ihrer transnationalen Netzwerke belieferten. Oftmals gingen die Netzwerkbeziehungen auf die Unterstützungsinfrastruktur der 1980er-Jahre zurück, als Dschihadisten und Regierungen aus aller Welt im afghanisch-pakistanischen Grenzraum Kontaktbüros, Trainingslager und Koranschulen unterhielten. Über solche Netzwerke wurden Taliban-Kämpfer seit 2003 auch militärisch ausgebildet, etwa in Pakistan oder in Hisbollah-Camps im Libanon – Letztere vermittelt durch die iranischen Revolutionsgarden. Der wirtschaftliche Radius der Taliban erweiterte sich rasant, als Pakistan es ihnen 2005 ermöglichte, sich frei im Land zu bewegen und auch die Immobilien- und Handelsmärkte zu nutzen. So avancierte die Hafenstadt Karatschi zum Umschlagplatz für ihre Geldtransfers. Da sich die Schuras der Taliban – bis auf die Maschhad-Schura – alle in Pakistan befanden, erfolgte die Buchhaltung größtenteils in Pakistan durch deren Finanzkommissionen. Mit der Professionalisierung und Zentralisierung der ausländischen Finanzströme in den Schuras ging eine Kommodifizierung der Kampfaktivitäten der Taliban einher. Während in den Anfangsjahren die Kämpfer selbst ihre Aktivitäten finanzierten – ohne die Erwartung einer Entlohnung –, zahlten die Taliban seit 2007 regelmäßig Sold. Die Bezahlung erfolgte in pakistanischen Rupien.

Parallelregierung und lokale Herrschaft

Trotz der polyzentrischen militärischen Strukturen und der internen Machtstreitigkeiten waren die zivilen Strukturen der Taliban bis 2021 von einer gewissen Kohärenz und Komplexität geprägt. Dies betrifft den Grad der Organisation, hierarchische Entscheidungsabläufe und das Sprechen mit einer Stimme. Um dieses Ziel zu erreichen, traten sie punktuell sehr rigide gegen

Abweichler auf. So führten sie immer wieder Säuberungsaktionen innerhalb der eigenen Reihen durch; Stammesälteste und Mullahs, die man nicht als linientreu einstufte, wurden zum Ziel von Attentaten und Lynchprozessen. Wenngleich die Taliban-Schattenadministration weder voll funktionsfähig noch einheitlich oder unangefochten war, gibt es weltweit dennoch kaum eine andere Guerilla- oder Aufstandsbewegung, die als bewaffnete Opposition derartige Schattenverwaltungsstrukturen etablieren und sie weitgehend ziviler Steuerung unterordnen konnte.

Bereits seit 2003 kam vereinzelt die Rede von einem Islamisches Emirat Afghanistan auf – ein Signal für den Anspruch, wieder eine Regierung zu bilden. Spätestens 2006 setzten die Taliban erstmals Schattenprovinzgouverneure und Richter ein. Bis 2011 bauten die Taliban in allen Provinzen parallele Regierungsstrukturen auf. Diese differenzierten sich bis auf die Distriktebene, wo die Taliban 2010 bereits in rund 180 von damals knapp 400 Distrikten Schattendistriktgouverneure einsetzten. Selbst in Provinzen (u.a. Pandschir), wo die Taliban aufgrund starker Ablehnung seitens der lokalen Gesellschaft nur rudimentäre Ableger etablieren konnten, gab es mobile Richter, Mullahs und Rechtsgelehrte. So war es nicht ungewöhnlich, dass Taliban-Autoritäten in Gebieten, die die Regierung kontrollierte, Recht sprachen. Die Taliban-Richter waren als religiöse Gelehrte hoch angesehen und respektiert. Vor allem waren es Landkonflikte und strafrechtliche Verfahren, die die Taliban-Rechtsprechung behandelte. Familienrechtliche Angelegenheiten wurden an lokale Gemeindeälteste zur Verhandlung verwiesen, so wie von der staatlichen Justiz auch. In der Regel schränkte dies die Aussicht von Frauen auf «Gerechtigkeit» ein.

Die anfängliche punktuelle Präsenz der Taliban verdichtete sich mit dem Wiedererstarken der Quetta-Schura seit 2014. Deren zentrale Lenkung beförderte die Herausbildung systematischer und konsistenter ziviler Steuerungsstrukturen, die in den diversen Provinzen vergleichbar und der Richtlinienkompetenz diverser Fachkommissionen (ähnlich wie Ministerien) unter dem Dach der Quetta-Schura unterstellt waren. Diese Herausbildung hierarchischer Verwaltungsstrukturen entsprach einem Learning-by-doing, wozu auch die Profilbildung der Kommissionen in Quetta selbst gehörte. Allerding sind die Fachkommissionen erst ab 2019 so effektiv gewesen, dass Weisungsstrukturen aus Pakistan bis hinunter auf die subnationale Ebene in Afghanistan funktionierten und entsprechend umgesetzt wurden und dass umgekehrt die Berichterstattung von der Gemeindeebene bis nach Quetta reichte. Dies klappte regional unterschiedlich gut – abhängig von der regionalen Stärke der Taliban, der Kriegsintensität und sozioökonomischen Eigenheiten der Region. Trotz etablierter ziviler Strukturen schwebte bis Ende August 2021 über allem stets das militärische Primat, die Regierung zu besiegen. Die Nichteinhaltung der für die Kämpfer vorgegebenen Prinzipien (in der *laiha* dokumentiert) einschließlich der zunehmend angemahnten Rücksichtnahme auf Zivilisten begründeten lokale Kommandeure in der Regel mit der Dringlichkeit militärischer Erfordernisse – etwa wenn Gefangene erschossen wurden, obwohl die Taliban seit 2011 eine Senkung ziviler Opferzahlen anstrebten.

Die Schattengouverneure bildeten den Nukleus für den Aufbau einer gespiegelten Struktur der in Quetta angesiedelten Kommissionen, z.B. für Finanzen, Bildung, Justiz, Politik (ab 2013 mit Sitz in Qatar), Gesundheit, Bekehrung und Anleitung, Kultur und Information etc. Für diese Ressorts ernannten die Taliban – wo möglich – auf Provinzebene Verantwortliche, die ein Stellvertreter sowie eine Fachkommission unterstützten. Zusammen mit dem Gouverneur und dem Leiter der Militärkommission bildeten die zivilen Kommissionsleiter die Führungsebene der Taliban in jeder Provinz. Auf der Distriktebene setzte sich diese Logik der Ressortaufteilung nur theoretisch fort, denn praktisch war sie weniger ausdifferenziert und an den Lebenswelten der lokalen Bevölkerung orientiert. Landwirtschaft, Schulen und Gesundheitseinrichtungen stellten hier neben Aufklärung und dem Militärischen die wichtigsten Handlungs- und Regelungsfelder dar. Das Einziehen von Steuern war Aufgabe der Finanzkommissionen auf Distriktebene. Falls Hilfsprojekte in den Distrikten durchgeführt wurden, benannten die Taliban konkrete Personen, die mit den humanitären und Entwicklungs-NGOs verhandelten.

Die zivile und die militärische Ebene waren grundsätzlich parallel angelegt. Dabei war der Schattengouverneur die höchste Autorität in jeder Provinz und für alle Aktivitäten in der Provinz gegenüber dem Obersten Führungsrat *(Rahbari Schura)* in Quetta oder zeitweise Peschawar berichtspflichtig. Er wurde von einem Stellvertreter und den Kommissionschefs unterstützt. Der Chef der Militärkommission der jeweiligen *Rahbari Schura* war für alle militärischen Angelegenheiten verantwortlich, also für die Beauftragung lokaler Kommandeure mit bestimmten Einsätzen, die Sicherheitssituation in der Provinz und die Entsendung von Kämpfern an die Front. Während es im Militärbereich noch eine Zwischenhierarchieebene gab, die mehrere Provinzen zusammenfasste, existierten im zivilen Bereich Provinzstrukturen wie ein (Schatten-)Provinzrat, der aus acht bis zehn Taliban bestand und die zivil-militärische Provinzparallelregierung beriet. Schattengouverneure unterlagen einem Rotationsprinzip, so dass sie selten mehr als vier Jahre einer Provinz vorstanden. Dies sollte verhindern, dass sie sich zu tief in lokale Abhängigkeiten begaben oder sich zu sehr verselbständigten. In der Regel stammte nur der stellvertretende Provinzgouverneur aus der Provinz selbst; Distriktgouverneure kamen dagegen häufig aus derselben Provinz. Wenn das bis hierher gezeichnete Bild eine stark hierarchische Steuerungsstruktur der Taliban von oben in die Provinzen nahelegt, bildet es doch nur das Ideal ab. So beeinflussten die politischen Konstellationen in den Provinzen die Entscheidungsprozesse sowie deren Implementierung maßgeblich.

Das zunehmende Bemühen der Taliban um Anerkennung – sowohl nach innen gegenüber der Bevölkerung als auch nach außen gegenüber der internationalen Öffentlichkeit – beförderte den Ausbau der zivilen Parallelstrukturen und ihre Aufwertung und Separierung von den militärischen Aktivitäten. Bis zur Machtübernahme 2021 wägten die Taliban deshalb oft zwischen militärischen Erfordernissen und zivilem Bedarf ab: Hielten lokale Taliban den Bau einer Verbindungsstraße vom

Provinzzentrum in den Distrikt nicht für sinnvoll, da diese vor allem den afghanischen Sicherheitskräften nutzen würde, wurde diese Straße trotz starken Drucks aus der Bevölkerung nicht gebaut. Andererseits wurde gelegentlich eine Militäroffensive verschoben, um die Erntesaison der steuerpflichtigen Bauern nicht zu stören oder zu riskieren, dass ein Teil der Ernte während der Gefechte vernichtet würde.

Seit 2011 existierte eine zentrale Taliban-Untersuchungs- und Beschwerdekommission, deren Mitglieder Afghanistan bereisten, um die Einhaltung der in der *laiha* festgelegten Prinzipien zu kontrollieren. So wurde der Taliban-(Schatten)Gouverneur von Badghis abgesetzt, da er den Sold, der den Kämpfern ausbezahlt werden sollte, einbehalten hatte. Allerdings blieb die Nachverfolgung lokaler Beschwerden, die Missbrauch durch Militärkommandeure der Taliban thematisierten, weit hinter den Erwartungen der Bevölkerung zurück. Für den Schutz von Zivilisten waren die Taliban zunehmend gezwungen, genau festzulegen, welche Personengruppen (nicht) als Zivilisten galten. Nachdem Lehrer bereits mit der *laiha* von 2009 von der Verfolgung ausgenommen wurden, ließen die Taliban 2019 verlautbaren, dass sie Regierungsmitarbeiter in Dienstleistungsbereichen (u. a. medizinischen Versorgungseinrichtungen) sowie internationale humanitäre Organisationen nicht mehr angreifen, ja sogar schützen und wenn nötig unterstützen würden. Damit betrachteten sie allein Angehörige der Streit- und Sicherheitskräfte, des Justizwesens und der Administration anderer Sektoren als Nicht-Zivilisten, für die die Schutzprinzipien zur Opfervermeidung nicht galten. Jedoch gab es regelmäßig Offerten der Taliban, Regierungsangehörige (Beamte und Mitglieder der Streit- und Sicherheitskräfte) unter Amnestie zu stellen, wenn sie sich ihnen anschlössen. Die Taliban veröffentlichten wiederholt Namenslisten der in ihre Organisation eingegliederten ehemaligen Regierungsmitarbeiter auf ihren Internetseiten.

Politikfelder der Taliban

Für die meisten Politikfeder entwickelten die Taliban nur rudimentäre programmatische Standpunkte, begannen aber ab 2004, sich in einigen zentralen Bereichen inhaltlich zu profilieren, um sich als rechenschafts- und regierungsfähige Bewegung darzustellen. In den ersten Jahren nahmen dabei insbesondere die *Eid*-Botschaften (veröffentlichte Botschaften zum Ende des Ramadan) von Mullah Omar eine wichtige Rolle ein. Darin verteidigten die Taliban ihre eigenen Positionen gegenüber Kritik und verbreiteten außen- und innenpolitische Standpunkte, beispielsweise zum Krieg im Irak, zum Arabischen Frühling, oder ihre eigene nationale Agenda. An die afghanische Öffentlichkeit gerichtet, beschworen sie religiöse Toleranz gegenüber Schiiten und Salafisten. Das erste programmatische Dokument der Taliban stellte der Verhaltenskodex (*laiha*) für Talibankämpfer und -anhänger von 2006 dar. In diversen Nachfolgeversionen nahm der Kodex explizit auch auf zivile Politikfelder wie Bildung oder Gesundheit Bezug. So gab es 2012 beispielsweise eine *laiha* für den Bildungssektor, in dem die Taliban ihre Prinzipien und Strategien zu Bildung und Schulen formulierten.

Bildungspolitik

Die Haltung und Politik der Taliban im Bildungsbereich ist ein Paradebeispiel dafür, wie flexibel und veränderbar ihre Einstellungen sind. Gerade auf diesem Feld zeigt sich, wie sehr sich die Taliban auf Bedürfnisse und Lobbying der lokalen Bevölkerung einlassen – etwa Schulen und sogar Mädchenschulen genehmigen –, um die eigene Legitimation nicht einzubüßen. Allerdings gibt es regionale Unterschiede, auch wenn diese zumeist abhängig sind von der vorherrschenden Einstellung der lokalen Bevölkerung gegenüber Schulen und Bildung: In Provinzen wie Kunduz und Ghazni sahen sich die Taliban etwa mit einer Bevölkerung konfrontiert, die Bildung sehr hoch schätzte, während in Helmand Schulunterricht kaum stattfand.

Während ihrer ersten Regierung agierten die Taliban sehr repressiv gegenüber Mädchenschulen. Sie passten nicht ins länd-

Der Verhaltenskodex der Taliban (*laiha*)

2006 veröffentlichten die Taliban erstmals ein eigenes «Regelwerk (*laiha*) für die Mudschahedin des Islamischen Emirats Afghanistan», also verbindliche Verhaltensvorschriften für Kommandeure und Kämpfer. Dieser Kodex wurde mehrmals erweitert und den sich ändernden Gegebenheiten im Zuge der Landnahme, der bewegungsinternen Veränderungen und administrativen Herausforderungen angepasst. Die Meinungen gehen auseinander, inwiefern die jeweilige *laiha* wirklich ein Verhaltenskodex oder doch eher ein Propagandainstrument war, das die Legitimität der Taliban stärken sollte. Da diese Regelwerke neben dem Verhalten im Kampf auch die Schattenregierungsstrukturen der Taliban in den eroberten Gebieten definierten, reflektierte ihre Veröffentlichung das Bestreben der Taliban, gegenüber der Bevölkerung berechenbar und rechenschaftspflichtig aufzutreten. Dies diente ihrer Profilierung als «Gegenregierung» zur afghanischen Regierung.

Die militärische Seite der *laiha* in der Version von 2010 enthielt explizit Prinzipien zur Einschränkung von Selbstmordattentaten, zur Vermeidung ziviler Opfer und zum Verbot bestimmter Foltermethoden (u. a. Verstümmelungsverbot). In welchem Ausmaß sie in der Realität umsetzbar waren und von einfachen Kämpfern anerkannt wurden, ist eine offene Frage. Die sozialpolitisch-verwaltungstechnische Seite der *laiha* enthielt ein Diskriminierungsverbot auf der Basis von Stammes- und regionaler Herkunft und Sprache. Ferner definierte der Kodex die Rechtsgrundlage für die Lösung lokaler Konflikte, das Prinzip der Unantastbarkeit von Personen und Besitz, Verbote bezüglich der Anwendung von Gewalt bei der Steuererhebung oder von erpresserischen Entführungen. Interessanterweise basieren die Verhaltensvorschriften nicht allein auf islamischem Recht, und sie widersprechen nicht bzw. befinden sich sogar teilweise im Einklang mit dem humanitären Völkerrecht.

2017 veröffentlichte Haibatullah Akhund, der amtierende *amir al-muminin* der Taliban, ein Buch, das an die früheren Kodizes anknüpfte, um die Legitimität seiner Nachfolge zu begründen und gleichzeitig die Taliban gegenüber anderen islamistischen Gruppen abzugrenzen – ein klares Signal in die zu diesem Zeitpunkt stark fragmentierte Bewegung hinein und eine Reaktion auf die aufkeimende Konkurrenz des ISK. Zuletzt wurde 2020 während der Friedensverhandlungen mit den USA eine «Charta des Islamischen Emirats Afghanistan» bekannt, die – sofern authentisch – Anhaltspunkte darüber gibt, ob und wie die Taliban sich möglicherweise gewandelt haben. So wird Schiiten darin zugestanden, sich nicht der hanafitisch-sunnitischen Rechtsprechung unterwerfen zu müssen, und lokale Gerichte werden als unabhängige Instanzen charakterisiert. Die *laiha* wie die Charta stellen Vorstufen einer Verfassung dar.

lich geprägte wertkonservative Weltbild der Taliban, die hier amoralisches Verhalten zu erkennen glaubten. Die Taliban setzten zudem die Verstärkung der religiösen Inhalte in den Curricula öffentlicher Schulen durch, die bereits von der Mudschahedin-Regierung (1992–94) eingeführt worden waren. Als Aufstandsbewegung entwickelten sie erst schleppend, aber dann umso markanter ihren Standpunkt gegenüber Bildungseinrichtungen allgemein. Während die *laiha* von 2006 die Zerstörung von Schulen, die oftmals die einzigen staatlichen Symbole in abgelegenen Regionen darstellten, als legitim erachtete und Lehrern unter Androhung von Gewalt bis hin zum Mord verbot, ihren Beruf in staatlichen Schulen auszuüben, war dieser Passus in der Version von 2009 nicht mehr enthalten. Hier lässt sich ein Umdenken erkennen, verbunden mit der Einrichtung einer Bildungskommission in Quetta seit 2006 (in Peschawar seit 2009). Außerdem war es notwendig, den Rückhalt in der lokalen Bevölkerung nicht zu verlieren, die in der Regel Angriffe auf Bildungseinrichtungen verurteilte. 2010 erließen die Taliban eine *laiha* für den Bildungsbereich, die fortan als Richtschnur für die Ableger der Bildungskommission auf Provinz- und Distriktebene fungierte und das Bestreben der Taliban ausdrückte, den Bildungsbereich zu kontrollieren. Fortan wurden Angriffe auf Bildungseinrichtungen explizit verboten, solange sie nicht von feindlichem Militär besetzt waren.

In vielen von den Taliban kontrollierten Gebieten besuchten nun die Mitglieder der Distriktbildungskommissionen regelmäßig die Schulen, um die Anwesenheit von Lehrern und Schülern zu kontrollieren sowie um Bücher auf nicht zulässige Abbildungen hin zu überprüfen. Konsequent gingen sie gegen das Fehlen von Lehrern im ländlichen Raum sowie die Auszahlung von Gehältern für nur auf dem Papier existierende Schulen und Lehrer vor. So ergab sich im Bildungsbereich eine nahezu systematische Arbeitsteilung mit der Regierung: Die Taliban kontrollierten Schulen, Lehrer und Schüler, meldeten offene Stellen, machten Vorschläge für deren Besetzung und nahmen sich ein Vetorecht für Stellenbesetzungen heraus – und die Regierung zahlte die Gehälter.

Seit 2014 äußerten sich die Taliban zunehmend öffentlich, dass sie für eine moderne Bildung als Voraussetzung für die Entwicklung des Landes eintreten und entsprechende Kapazitäten an Lehrkräften aufbauen wie auch Schulbesuch ermöglichen wollen. Die Taliban hielten aber auch daran fest, als unislamisch wahrgenommene Fächer aus den Curricula zu streichen, mehr Medresen zu fördern und punktuell höhere Bildung für Mädchen in den von Taliban kontrollierten Gebieten zu unterbinden. Gerade lokale Taliban-Kommandeure hatten oft Vorbehalte gegenüber Schulen, da sie dort die Verbreitung von Anti-Taliban-Propaganda vermuteten und in ihnen den verlängerten Arm des militärischen Feindes, also des Westens, sahen. Dem stand gegenüber, dass lokale Taliban in einigen Regionen Mädchen sehr wohl erlaubten, berufliche Ausbildungsstätten und Sekundarschulen in von der Regierung kontrollierten Gebieten zu besuchen. Insgesamt wirkte sich der Wechsel der Autorität über das Schulwesen von den militärischen zu den zivilen Parallelverwaltungsstrukturen der Taliban positiv auf Möglichkeiten des Schulzugangs aus, insbesondere für Mädchen bis zur sechsten Klasse.

Gesundheitspolitik

Weniger ideologisch aufgeladen, aber nicht minder wichtig für den Rückhalt in der Bevölkerung war für die Taliban der Gesundheitssektor. Lange fiel es in den Aufgabenbereich der Gesundheitskommissionen in Quetta und Peschawar, verwundeten Taliban-Kämpfern in Pakistan eine medizinische Versorgung zu ermöglichen. Einzelne Fronten schlossen Verträge mit pakistanischen Gesundheitseinrichtungen ab, in die sie ihre Verwundeten einlieferten; teilweise finanzierten Kommandeure private

Kliniken, um sich und Angehörige ihrer Einheiten behandeln zu lassen.

Mit der Ausweitung ihres territorialen Einflusses in Afghanistan konnten Taliban-Kämpfer zunehmend in Krankenstationen in Afghanistan behandelt werden, die öffentlich oder von NGOs betrieben wurden. Solange das Personal jede Verbindung mit staatlichen Sicherheitskräften kappte und die Verdienste um die lokale Gesundheitsversorgung nicht der Regierung gutgeschrieben wurden, erlaubten die Taliban die Arbeit der Gesundheitsfachkräfte. Bei Neurekrutierungen führten Mitglieder der lokalen Distriktgesundheitskommission einen Sicherheitscheck der Bewerber durch und beleuchteten ihre fachlichen Qualifikationen, obwohl fraglich ist, wie sie diese ohne eigenen medizinischen Hintergrund beurteilen konnten. Wie auch im Schulbetrieb kontrollierten die Fachkommissionsmitglieder der Taliban die Anwesenheit des Personals und verlangten die Besetzung offener Stellen sowohl von der Regierung als auch von NGOs. Medikamentenengpässe und unzureichende Ausrüstung führten teilweise zu Schließungen, um Druck auf die Betreiber der Kliniken und Gesundheitsstationen auszuüben, die Missstände zu korrigieren. Das Ziel war auch hier klar: sich in der lokalen Bevölkerung als Bekämpfer von Korruption und als Kümmerer zu profilieren, denen die Belange und Nöte der einfachen Bevölkerung wichtig sind. Im Gegensatz zum Bildungsbereich gab es keine eindeutigen Zugangsbeschränkungen für Frauen zu Gesundheitseinrichtungen. Diese waren allerdings dadurch gegeben, dass es in Afghanistan ein ungeschriebenes Gesetz war, dass männliche Ärzte weibliche Patienten nicht behandeln durften und Frauen nur in männlicher Begleitung das Haus verlassen durften. Zudem fehlte es vielerorts an weiblichem Gesundheitspersonal.

Die Gesundheitspolitik der Taliban stand dem Impfen positiv gegenüber. Mullah Omar hatte bereits 2007 alle Afghanen aufgerufen, ihre Kinder vollständig gegen Kinderlähmung immunisieren zu lassen. Nachdem Osama bin Laden in Pakistan 2011 durch die Polio-Impfkampagne einer NGO lokalisiert und daraufhin von US-amerikanischen Spezialkräften getötet wurde, nahm das Vertrauen in Impfungen in der Bevölkerung ab. So verhängten lokale Kommandeure immer wieder einen Impfstopp, insbesondere wenn gekämpft wurde. Sie argwöhnten, dass das Impfpersonal geheime Informationen über die Haushalte sammeln und Sender zur Ortung von Zielen anbringen würde. Zu anderen Zeiten stellten lokale Kommandeure für Impfteams und Gesundheitspersonal Schutz- und Transportlogistik (Fahrzeuge) bereit, um sich diese bezahlen zu lassen. In der Corona-Pandemie ab 2020 begrüßten die Taliban in den von ihnen kontrollierten Gebieten Impfungen und Informationskampagnen, nicht zuletzt wohl, weil sich mehrere Mitglieder der Führungsebene selbst mit Covid-19 infiziert hatten. Nach ihrer Machtübernahme intensivierte die Taliban-Übergangsregierung seit Herbst 2021 sowohl die Polio-Impfkampagne als auch Covid-19-Impfungen mit Vakzinen aus China, Indien und den USA.

Medienarbeit: Von handgeschriebenen Drohbriefen zu 24/7 Twitter

Das militärische Vordringen der Taliban und die Legitimierung des Schattenstaates wurde von einer sich zunehmend professionalisierenden Medienarbeit durch eine eigens eingerichtete Medienabteilung begleitet. Diese betrieb eine Gegenberichterstattung zu den Verlautbarungen über Kampfhandlungen und Opfer aus der Feder der PR-Abteilungen von Koalitionstruppen und afghanischer Regierung. Die Taliban waren sich der Kraft von Bildern bewusst – beispielsweise bei der Präsentation von Aufnahmen ziviler Opfer, die vermeintlich durch westliche Truppen zu Tode gekommen waren – und ignorierten nach 2001 das islamische Verbot, menschliche Abbilder darzustellen. Allein die Gesichter von Frauen wurden in Abbildungen verpixelt.

Zwischen 2002 und 2021 vollzog sich eine rasante Entwicklung in der Medien- und Propagandaarbeit der Taliban, die eng mit der Verfügbarkeit des Internets sowie der Ausbreitung und Popularität sozialer Medien unter Afghanen einherging. Waren 2001 Internet- und Mobilfunknutzung noch nicht existent, so besaßen 2018 immerhin 40 Prozent der afghanischen Haushalte einen Zugang zum Internet; 90 Prozent verfügten über Mobiltelefone. Den sozialen Medien kam deshalb eine außerordentliche Rolle zu, weil sie auch die weitgehend analphabetische Bevölkerung – Zivilisten wie Kämpfer – über Sprachbotschaften, Audios mit traditionellen Gesängen (*naschin, tarana*) und Videoclips erreichen konnten. Neben dem Mobiltelefon waren zur Verbreitung von Informationen und Propaganda gerade im ländlichen Raum das Radio und auch Kassettenrecorder wichtig. Audiokassetten genossen bereits in den 1980er-Jahren eine hohe Popularität zur Übermittlung von Nachrichten. Ihre Verbreitung als Propagandainstrument erfolgte über lokale Märkte und speiste sich auch daraus, dass sie von den Linienfahrern der Mehrpersonen-Überlandtaxis genutzt wurden. Im urbanen Raum, wo die PC-Nutzung schneller Einzug hielt, spielten auch MP3-Aufnahmen, DVDs und VCDs eine Rolle.

Während offizielle Produktionen häufig vom Propagandazentrierten Kulturkomitee des Islamischen Emirats in Kabul (bis 2001) oder der Medienabteilung in Kandahar (ab 2002) beauftragt und verbreitet wurden, fanden für Botschaften auf lokaler Ebene anfangs oft gedruckte oder handgeschriebene Flugschriften in Form nächtlicher Drohbriefe *(schab namah)* Verwendung. Sie dienten dazu, die Bewohner ländlicher Gemeinden und Stadtviertel einzuschüchtern, wurden an die Moscheetür geheftet oder, sofern sie sich an Einzelpersonen richteten, an deren Tor. Besonders häufig nutzten die Taliban diese Drohbotschaften, um Gemeinden und ihre Bewohner von der Zusammenarbeit mit internationalen Truppen, der afghanischen Regierung oder ausländischen Organisationen abzuhalten. Sie verurteilten Mädchenbildung als amoralisch oder missbilligten Entwicklungsprojekte und drohten allen, die sich daran beteiligten, Strafen an. Nicht selten erreichten die Flugschriften auch Mullahs, die Begräbnisse der aufseiten der Regierung gefallenen Soldaten vollzogen.

Während diese Art von nächtlichen Drohbriefen seitens bewaffneter Oppositionsgruppen oder auch krimineller Banden bis heute gebräuchlich ist, erhielten Regierungs- und NGO-Mitarbeiter ab 2007 zunehmend persönlich adressierte Drohungen per SMS.

Die 2005 gestartete Webseite *Al Emarah* (Das Emirat) war zeitweilig das Hauptverbreitungsmedium der Taliban gegenüber der internetfähigen lokalen und vor allem der internationalen Öffentlichkeit. Sie war in fünf Sprachen einsehbar: Paschto, Englisch, Arabisch, Dari und Urdu. Anfangs wurden paschtosprachige Informationen am ausführlichsten präsentiert, die Qualität der Übersetzungen verbesserte sich erst im Laufe der Zeit. Die arabisch- und englischsprachigen Versionen der Internetseiten hatten vor allem das Ziel, die Unterstützung internationaler Sponsoren und transnationaler islamistischer Netzwerke zu erlangen. Außerdem ermöglichten gerade die englischen Seiten die Art von Informationskrieg, die das militärische Ausgreifen der Taliban in den Jahren 2009–2017 prägte und danach zunehmend von anderen Plattformen in den sozialen Medien aus betrieben wurde. Die Taliban nutzten die Webseite zur Eigendarstellung und für Angriffe auf afghanische wie ausländische Medien, die sie der Manipulation und Parteilichkeit beschuldigten. In der Anfangszeit der Webpräsenz hatten die Nachrichten der Taliban einen eher defensiven Charakter und drohten Gewalt gegenüber denjenigen Medienagenturen an, die die Taliban-Informationen – vor allem Gegennachrichten über Kampfverläufe und Opferzahlen – ignorierten. Im Laufe der Zeit wurde die Taliban-Eigendarstellung immer professioneller und offensiver. Ihre Nachrichten verbreiteten sie schneller als die Regierung und die Koalitionskräfte und – wie sich erst im Zuge diverser Studien feststellen ließ – in der Regel verlässlicher. So wurden Angaben über Opferzahlen nicht mehr über- oder untertrieben.

Während Webseiten und Profile in den sozialen Medien häufig zensiert und blockiert wurden (etwa auf Facebook, Twitter, Google), half den Taliban die Bündelung ihrer Kommunikationsaktivitäten in den Händen ausschließlich zweier Sprecher, die auch per SMS und Telefon Nachrichten verbreiteten. Der Name Zabihullah Mudschahed verkörperte das öffentliche Sprachrohr der Taliban, er dementierte und informierte 24 Stunden am Tag, sieben Tage die Woche. Dies ließ Beobachter vermuten, der Name sei – gerade wegen seiner Bedeutung – ein Pseudonym, hinter dem mehrere Personen operativ tätig seien. Das Gesicht des Mannes war nicht bekannt. Erst nach der Einnahme von Kabul 2021 trat eine Person unter diesem Namen am 17. August 2021 öffentlich auf, um die erste Pressekonferenz der Taliban zur Verkündung des militärischen Sieges zu geben (siehe Umschlagbild). Er wurde als stellvertretender amtierender Minister für Information und Kultur in die Übergangsregierung berufen und bekleidet gleichzeitig den Posten des zentralen Sprechers des neuerlich ausgerufenen Islamischen Emirats.

In ihrer Medienstrategie sogen die Taliban Strategien anderer dschihadistischer Gruppen auf, anfangs beispielsweise von al-Qaida im Irak und ab 2013 vom Islamischen Staat in Irak und Syrien. So wurde Mullah Dadullah (siehe S. 43) durch Aussagen in Interviews und brutal abschreckende Videos zu einem Taliban-Medienstar, wobei er nach irakischem Vorbild Enthauptungen vor laufender Kamera inszenierte. Da die Bevölkerung diese Art der Propaganda weitgehend ablehnte, stellten die Taliban solche Inszenierungen nach dem Tod Mullah Dadullahs 2007 ein.

Im Laufe der Zeit verbreiterte sich das Medienspektrum der Taliban: Ab 2009 unterhielten sie eine Nachrichtenagentur «Stimme der Scharia» (engl. *Voice of Sharia,* Paschto: *Da Schariat Ghag*) und mehrere Webseiten, darunter beispielsweise «Stimme des Dschihad» (engl. *Voice of Jihad*), die als offizielles Verlautbarungsorgan des Militärflügels sowie Mullah Omars und der *Rahbari Schura* galt. Im sogenannten Dschihad-Studio produzierten sie Filme und Videoclips – der Einsatz von Drohnen bei der Aufnahme von Videos zeigt den professionellen Anspruch –, und Radio *Da Schariat Ghag* brachte paschtosprachige Rundfunksendungen mit politischen Kommentaren sowie dschihadistische Propaganda- und Kampflieder (*naschid*). Ein eigenes Genre bildeten dabei Hymnen, die am treffendsten als motivierende Kriegslieder oder Widerstandsballaden (*tarana*) zu bezeichnen sind. Diese waren zwar teilweise auch vom Kulturkomitee des Islamischen Emirats beauftragt, aber in ihrer

Bandbreite keineswegs kontrollierbar und auch nicht ideologisch eng gefasst. Ihre Popularität gründete sich darauf, dass in ihnen die Stammesidentität der Paschtunen und die Schönheit der Heimat besungen wurden. Vermischt mit diesen Elementen verherrlichten sie die Taliban und ihren Kampf.

Seit 2009 restrukturierten die Taliban ihre Propagandamaschinerie und riefen einen Informationskrieg aus, in dem sie die Möglichkeiten sozialer Medienplattformen fortan vollständig ausschöpften. Der mediale Dschihad ergänzte den auf dem Schlachtfeld und basierte auf der Nutzung von Twitter, Facebook, YouTube, WhatsApp und Telegram. Solche Plattformen begünstigten die weltweite Vernetzung und augenblickliche Weiterverbreitung von Taliban-Nachrichten und erreichten oftmals Blogger gleich oder ähnlich gesinnter islamistischer Netzwerke, die Materialien über Taliban-Aktivitäten in ihre eigenen Netzwerke einspeisten. Seit 2015 ermöglichten WhatsApp und Telegram aufgrund ihrer Verschlüsselungstechnik den Schutz vor Zugriffen internationaler Geheimdienste und somit einen relativ stabilen Informationsfluss. Allerdings wurde dieser aufgrund erhöhten politischen Drucks der USA auf die Social Media-Plattformen nach dem Erstarken des IS in Irak und Syrien ab 2014 durch Blockaden von Konten und Inhalten eingeschränkt.

Die weite Verbreitung von Smartphones unter Taliban wurde während der Einnahme von Kunduz 2015 deutlich, als deren auf Twitter geteilte Videoclips von der Besetzung des Stadtzentrums zeugten, während die afghanische Armee und ihre westlichen Militärberater diesen Erfolg der Taliban rigoros abstritten. In nicht wenigen Fällen manipulierten die Taliban vor Kämpfen mit Regierungstruppen die Mobilfunkantennen in den betreffenden Gebieten, um so die Berichterstattung des afghanischen Militärs zu behindern. Da sie im Kampf bevorzugt Satellitentelefone nutzten, waren die Taliban im Vorteil und konnten Journalisten und Nachrichtenagenturen unmittelbar erreichen.

Die schnelle und professionell agierende Medienarbeit der Taliban brüskierte immer wieder die afghanische Regierung.

Als sich diese 2017 entschied, überhaupt keine die Streitkräfte betreffenden Zahlen mehr zu veröffentlichen, nutzten die Taliban dies propagandistisch, indem sie behaupteten, sie wären die Einzigen, die informieren, und dies zudem vollkommen transparent. Die 2017 von der Regierung angeordnete zwanzigtägige komplette Abschaltung von WhatsApp und Telegram stellte einen weiteren verzweifelten Versuch dar, im Informationskrieg die Oberhand zu gewinnen, allerdings vergeblich. Öffentliche Proteste, einschließlich der Nicht-Taliban-Medien, zwangen die Regierung, die Maßnahmen vorzeitig zu beenden.

2019 war die digitale Medienstrategie der Taliban auf dem Höhepunkt ihrer Perfektion angekommen. Jetzt gab es zu allen Frontentwicklungen Updates rund um die Uhr in englischer Sprache, oftmals nutzerfreundlich ergänzt um herunterladbare Infografiken und Videoclips. Die Nutzung von Spam-Konten, über die Adressaten von Twitter-Nachrichten potenziert werden konnten, gehörte zum Standard. Und so nutzten die Taliban auch während ihres rapiden Vordringens im Sommer 2021 die sozialen Medien strategisch für die Verbreitung frühzeitiger Siegesverlautbarungen, um die Moral der Kämpfer auf Regierungsseite zu unterminieren und die Unabwendbarkeit eines Taliban-Sieges zu suggerieren. Diese professionelle propagandistische Aufbereitung kam ebenfalls bei der Einnahme Kabuls im August 2021 zum Zuge.

Schon seit 2019 zeichnete sich aber auch ab, dass die Taliban in ihrer englischsprachigen PR häufig bescheidener auftraten, was die Wortwahl und Radikalität ihrer Aussagen und Forderungen betraf. Sensationell war die Veröffentlichung eines Op-Ed-Beitrags von Serajuddin Haqqani in der New York Times am 20. Februar 2020, in dem er erklärte, dass die Taliban zu einer langfristigen Zusammenarbeit mit der US-Regierung im zivilen Wiederaufbau Afghanistans bereit seien. Seit der Machtübernahme und Bildung einer Übergangsregierung ist die Medienarbeit im Ministerium für Information und Kultur angesiedelt.

6. Innen- und Außenverhältnisse

In diesem abschließenden Kapitel soll an konkreten politischen Fragen aufgezeigt werden, wie die Politik der Taliban zwischen Orthodoxie und Pragmatismus hin und her pendelt und eine politische Positionsbestimmung erschwert. Dies betrifft allerdings nicht nur die Ausgestaltung der afghanischen Innenpolitik, sondern auch ihr Verhältnis zu anderen islamistischen Bewegungen (vor allem al-Qaida und ISK) und internationalen Akteuren, besonders Pakistan und den Golfstaaten.

Ideologie und Weltbilder

Für die erste Generation der Taliban waren vor allem zwei Faktoren identitätsstiftend: ihre ländliche Herkunft aus dem tribal-wertkonservativ geprägten Süden Afghanistans und die gemeinsamen Erfahrungen während des Dschihad der 1980er-Jahre. So ging es den Taliban darum, der Unsicherheit, Willkür, Gesetzlosigkeit und Korruption, die sich im Bürgerkrieg Anfang der 1990er-Jahre manifestiert hatten, ein radikales Ende zu setzen. Der Gegenentwurf war die althergebrachte idealisierte Ordnung des ländlichen Afghanistan der Vorkriegszeit, die die Taliban wiederherstellen wollten. Jenseits vager normativer Vorstellungen von einer islamischen Ordnung spielten ideologische Faktoren eine untergeordnete Rolle. Die vergleichsweise grob geschnitzte fundamentalistische Islamauffassung, die die Taliban bei ihrer ersten Machtübernahme 1996 vertraten, zeigte neben ihrer rigiden Moralauffassung ihr puritanisches Bestreben nach Reinigung der Religion und Gesellschaft von allem Übel, inklusive Korruption und Fremdeinflüssen, und schlug sich in drakonischen Maßnahmen nieder. Diese waren nicht zuletzt Ausdruck der Verrohung einer vom Krieg geprägten Gesellschaft. Die Umsetzung dieser Ordnung geschah vor allem in den Städten, wo die ländlich-tribalen Vorstellungen der Taliban auf die modernen Lebensentwürfe der urbanen Bevölkerung prallten.

Auch wenn sich die Taliban – etwa mit der Ernennung von Mullah Omar zum *amir al-muminin* – auf die goldene Frühzeit der islamischen Welt bezogen, folgte ihr Weltbild nicht einem abgeschlossenen, kohärenten oder allein puristischen Islamverständnis. So wurden Sufi-Praktiken, die im afghanischen Alltag allgegenwärtig sind, nicht sanktioniert, sondern von vielen Taliban selbst praktiziert. Mullah Omar war etwa bekannt dafür, dass er regelmäßig zu Sufi-Schreinen pilgerte, um dort zu beten – eine häretische Praxis aus islamistischer Sicht. Auch paschtunische Stammestraditionen fanden Eingang in das Weltbild der Taliban (siehe S. 15). Gerade bei den Strafmaßnahmen der Taliban in der zweiten Hälfte der 1990er-Jahre offenbarte sich eine Vermischung paschtunischer Vorstellungen und der Scharia: Die Rigorosität und Kompromisslosigkeit der Anwendung des Strafrechts korrespondierte etwa mit der Legitimation von Gewaltanwendung, wie es unter paschtunischen Stämmen Sitte ist. Auch die Frauenpolitik fand ihre Entsprechung in den tribalen Moralvorstellungen der Taliban, denen zufolge Frauen ein zu beschützendes und zu kontrollierendes «Gut» darstellen, das die Ehre des Mannes symbolisiert.

Im Kontrast zur ersten Taliban-Generation wurde vor allem die junge Garde in ideologisch radikal ausgerichteten Medresen, vor allem der Deoband-Schule (siehe S. 22), sozialisiert. Serajuddin Haqqani zum Beispiel wurde im wahhabitisch dominierten Saudi-Arabien ausgebildet. Wie genau sich diese rigoros extremistischen islamistischen Einflüsse in der Gestaltung des neuen Emirats niederschlagen und ob sie sich womöglich durchsetzen, bleibt abzuwarten. Unterm Strich ist festzustellen, dass das Weltbild der Taliban eher durch viele Puzzleteile geprägt ist, die unterschiedlichen Normen und Wertvorstellungen entnommen wurden – entsprechend heterogen ist die gesamte Bewegung.

Über die letzten fünfundzwanzig Jahre wandelte sich zudem die Weltanschauung der Taliban; ihre Bewegung erwies sich als

Das Erscheinungsbild der Taliban

Die Zurschaustellung von Männlichkeit – als sinnstiftendes Moment paschtunischer Stammeskultur – bestimmt maßgeblich das Auftreten der Taliban. So drückt sich das Taliban-Sein weit weniger in einer symbolischen Repräsentation des Koran aus als vielmehr in einer Zurschaustellung von Waffen. Dieses gewaltbeladene Image verbreiten nicht nur westliche Medien, es entspricht auch der Selbstwahrnehmung der Taliban. Denn das Tragen von Waffen ist eine Machtdemonstration. Dies verdeutlichen etwa die Fotos, die im Dezember 2001 – also kurz nach dem Ende der ersten Taliban-Herrschaft – in Fotoläden in Kandahar gefunden wurden. In Gestik, Mimik und Accessoires lassen sich durchaus Parallelen zwischen den Taliban und der Gangsta-Kultur US-amerikanischer Rapper feststellen. Schließlich wurden der schwarze Turban und die weißen Gewänder (*schalwar kamiz*) zum Markenzeichen der Taliban – eine Farbkombination, die unter paschtunischen Stämmen weit verbreitet ist. Dagegen ist Grün, die Farbe des Propheten, bei der Kleidung eher selten. Im Westen wird zudem als irritierend wahrgenommen, dass es gerade unter den Taliban aus Loy Kandahar üblich ist, die Augen gegen den bösen Blick mit Kajal zu schminken. Lange Haare sind in paschtunischen Stämmen üblich, und ein Bart – wie ihn der Prophet getragen hat – ist für einen Talib gar ein Muss.

durchaus dynamisch und anpassungsfähig. Durch strukturelle Modifikationen und eine professionelle Inszenierung erfanden sich die Taliban mehrmals neu – etwa im Wandel ihres Images von religiösen Fundamentalisten zu nationalen Unabhängigkeitskämpfern, die gegen die Unterdrückung durch neokoloniale Besatzer und eine durch diese eingesetzte Regierung, die sich nur selbst bereichert, aufbegehren. Gleichzeitig bemühten sich die Taliban um Legitimation, sowohl nach außen in der internationalen Politik als auch nach innen gegenüber der afghanischen Bevölkerung. Jenseits der artikulierten Intention, eine islamische Ordnung innerhalb der Grenzen Afghanistans zu schaffen, gab es bislang keine Indizien für eine kohärente politische Vision der Taliban. Dies erschwert eine genauere Positionsbestimmung. In vielen politischen Fragen stoßen orthodoxe und pragmatische Überlegungen aufeinander, deren

Ausgestaltung für die Anerkennung durch die internationale Gemeinschaft essentiell ist. Im Folgenden sollen die unterschiedlichen geistigen Strömungen der Taliban anhand mehrerer zentraler Aspekte dargestellt werden.

Das Emirat und die Scharia

Eine grundsätzliche Forderung der Taliban ist die Errichtung eines islamischen Herrschafts- und Gesellschaftssystems, in dessen Zentrum die Einführung der Scharia steht. Während ihrer Herrschaft in der zweiten Hälfte der 1990er-Jahre entsprach dies einer kruden Aneinanderreihung von Verboten, denen es in der Regel an einer aus den islamischen Rechtstexten abgeleiteten Begründung mangelte. Während der langwierigen Verhandlungsbemühungen in Doha drehte sich die Diskussion um die Tauglichkeit der afghanischen Verfassung von 2004. Obwohl diese explizit festschrieb, dass alle Gesetze und die Rechtsprechung im Einklang mit der Scharia stehen müssen, sahen die Taliban dies nicht als islamisch (genug) an. Ihr Argument war, dass diese Verfassung unter dem Druck und der Anordnung von Ausländern geschrieben und verabschiedet wurde.

Mit ihrer erneuten Machtübernahme im August 2021 setzten die Taliban zunächst eine Übergangsregierung für einen ungewissen Zeitraum ein. So erkauften sie sich Zeit, um die Ausgestaltung des Islamischen Emirats zu entwickeln. Das Dilemma, in dem sie sich derzeit befinden, ist, dass sie von ihrer flexiblen Anpassung an politische Gegebenheiten abrücken und deutlich machen müssen, wie das afghanische Emirat zu konzipieren ist, was sie unter Scharia verstehen und welche Aspekte der Moderne sie überhaupt zulassen wollen. So ist etwa ungewiss, wie autoritär das zukünftige Afghanistan ist oder ob – auf Druck der internationalen Gemeinschaft – demokratische Elemente in die Verfassung einfließen. Ein vielfach diskutiertes Modell, das die Taliban adaptieren könnten, ist das iranische, das die Einrichtung eines religiösen Wächterrates vorsieht, der die politischen Prozesse (u.a. demokratische Wahlen) kontrolliert und entsprechend islamischer Vorgaben beschränkt. Auch ist die Frage offen, welche Rolle die *ulama*, also die Rechtsgelehrten, oder die *loya jirga*, die Große Ratsversammlung, in diesem zukünftigen Afghanistan institutionell spielen werden. Es ist zudem durchaus möglich, dass sich in der Taliban-Herrschaft das dynastische Prinzip durchsetzen und die genealogische Berufung auf den «Ur-Talib» Mullah Omar entscheidend sein wird.

Der Interpretationsspielraum der hanafitischen Rechtsschule, auf die die Taliban sich auch mit Beginn ihres zweiten Emirats berufen, erlaubt in der Ausgestaltung der Scharia Nuancierungen, die mitunter entscheidend für ihre Akzeptanz oder Ablehnung in der Bevölkerung sein können. Die Aushandlung der Scharia-Interpretation ist nicht zuletzt ein Machtspiel zwischen pragmatischen und orthodoxen Taliban. Die Pragmatiker finden sich in dem politischen Flügel, der über die letzten Jahre die Außenwahrnehmung der Taliban in der internationalen Öffentlichkeit verbessern wollte und sich deshalb bemühte, einige Kernprinzipien aufzuweichen. Gleichwohl gibt es auch orthodoxe Haltungen, die an die Kompromisslosigkeit der Taliban-Herrschaft in der zweiten Hälfte der 1990er-Jahre anknüpfen. Die Vermeidung einer konkreten Ausbuchstabierung der Scharia würde die Erwartungen der internationalen Gemeinschaft, Klarheit über die Politik der Taliban zu erhalten, enttäuschen, könnte jedoch für den Zusammenhalt der Bewegung entscheidend sein. Zudem könnte eine Konkretisierung der Scharia mehr Schaden als Nutzen anrichten, wenn beispielsweise die offizielle Linie im Hinblick auf Frauen- und Mädchenrechte rigider ausfällt, als sie zur Jahreswende 2021/22 in einigen Provinzen (vor allem Nord- und Zentralafghanistan) praktiziert wurde.

Die Stellung der Frau

Während des ersten Emirats waren die Taliban für drakonische Maßnahmen gegenüber Frauen und Mädchen bekannt, obwohl die Taliban-Propaganda Frauenrechte als selbstverständlichen Teil des islamischen Wertekanons benannte. Vor dem Hintergrund, dass die Taliban den Bürgerkrieg in den meisten Landesteilen beendet hatten, hielten sie sich sogar die Wiederherstellung der Sicherheit, Freiheit und Würde von Frauen und Mädchen zugute. In ihren öffentlichen Äußerungen und Medienauftritten beschworen sie regelmäßig die Durchsetzung der Scharia zu ihrem Schutz. So wurde gerade ihre Ablehnung der Gleichstellung von Mann und Frau mit der Scharia begründet und umfasste eine Reihe von Maßnahmen, denen sich Frauen zu unterwerfen hatten. Dazu gehörten die Pflicht, eine Burka, den Ganzkörperschleier, zu tragen, und die öffentliche Auspeitschung und Hinrichtung von Ehebrechern und Ehebrecherinnen. Männlichen Ärzten wurde die Untersuchung von Frauen untersagt. In der Sittenstrenge und Frauenpolitik der Taliban vermischten sich rigorose Auslegungen der Scharia mit ländlichen paschtunischen Ehr- und Rechtsvorstellungen, nach denen die Frauen der Familie ein unter allen Umständen zu beschützendes «Gut» darstellen. Vorschriften, die Frauen aus dem öffentlichen Raum verbannten – wie die verpflichtende Begleitung durch einen männlichen Verwandten, das Arbeitsverbot für Frauen oder die Schließung von Mädchenschulen –, wurden vor 2001 stets mit dem Argument begründet, dass die Sicherheitslage nicht ausreichend sei. Mädchenbildung werde deshalb der Herstellung von Sicherheit, der Schaffung von Frieden und der Bekämpfung von Korruption nachgeordnet und sollte wie die Partizipation von Frauen in der Öffentlichkeit in dem Maße folgen, wie es die Sicherheitslage zulasse. Ein anderes Argument, das die Taliban bemühten, um ihre restriktive Mädchenbildungspolitik zu rechtfertigen, waren Budgetengpässe.

Die Argumentation der Taliban-Übergangsregierung ging Ende 2021 in dieselbe Richtung. Aber anders als in den 1990er-Jahren verzichteten die Taliban bislang (Stand Januar 2022) auf die Einführung drakonischer Maßnahmen. Sie erklärten, dass sie Mädchen- und Frauenbildung, auch berufliche Ausbildung, unter bestimmten Voraussetzungen dulden würden, schlossen aber Schulen für Mädchen ab der 7. Klasse, während an der Universität Kabul Frauen weiter unterrichtet wurden. Für alle Bildungsbereiche ist eine strikte Geschlechtertrennung vorgesehen. Gleichzeitig wurde deutlich, dass Frauen in öffentlich herausragenden Ämtern – etwa als Politikerinnen, Richterinnen oder Journalistinnen – nicht weiterarbeiten dürfen. Auch das Tragen der Burka wurde wieder zur Pflicht erhoben. Entsprechend der politischen Ausrichtung der Taliban wurde das Ministerium für Frauenangelegenheiten durch das Ministerium für die Einhaltung islamischer Tugend ersetzt. Angesichts der erneuten Rigorosität mutet es fast revolutionär an, dass das geistige Oberhaupt der Taliban, Haibatullah Akhund, proklamierte, zur Eheschließung sei das Einverständnis der Frau einzuholen und Frauen sollten nicht gegen ihren Willen verheiratet werden können. Es ist dennoch davon auszugehen, dass unter der neuen Taliban-Regierung Frauen Menschen zweiter Klasse und aus der Öffentlichkeit weitgehend ausgeschlossen sein werden. Gleichzeitig gibt es die Hoffnung, dass die Taliban in Teilbereichen, etwa der Mädchenbildung, zu Kompromissen bereit sein werden.

Die Politik gegenüber Andersgläubigen

Die Taliban verfolgten vor allem in ihrer ersten Herrschaft in den 1990er-Jahren eine restriktive Politik gegenüber religiösen Minderheiten, die ihren Ursprung im Dschihad gegen die kommunistischen «Ungläubigen» hat. Damals wurden nicht allein die Sowjets, sondern alle, die vom rechten Glauben – also dem sunnitischen Islam – abwichen, ausgeschlossen bzw. bekämpft. Diese Haltung führte zur Zerstörung nicht-muslimischer Symbole (u.a. der Buddha-Statuen von Bamian, eines Hindu-Tempels in Kandahar, vorislamischer Statuen im Kabuler Nationalmuseum). Auch traf diese Politik nicht-muslimische Religionsgemeinschaften: So erließen am 21. Mai 2001 die Taliban das Dekret, dass Hindus gelbe Kleidung tragen und auf dem Dach ihres Hauses eine gelbe Flagge hissen müssen. Am 5. August 2001 erfolgte die Verhaftung von Mitarbeitern der Hilfsorganisation *Shelter Now* mit dem Vorwurf der christlichen Missionierung. In den letzten zwanzig Jahren nutzten die Taliban das Topos der «Ungläubigen» im Kampf gegen die US- und NATO-Truppen. Mit ihrem neuerlichen Siegeszug schlugen sie allerdings versöhnlichere Töne an und bekräftigten immer wieder, auch mit dem Westen zusammenarbeiten zu können.

Schwierig gestaltet sich das Binnenverhältnis zu muslimischen Gemeinschaften, insbesondere zu den schiitischen Hazara, die in der afghanischen Gesellschaft stets marginalisiert und stigmatisiert wurden. Besonders in der zweiten Hälfte der 1990er-Jahre verübten die Taliban wiederholt Massaker an Schiiten, die sie als Häretiker ansahen. Gerade die vom Salafismus beeinflussten Gruppierungen innerhalb der Taliban wandten hier das Prinzip der Exkommunizierung (*takfir*) an und betrachteten Verfolgung und Tötung als legitim. Die Haltung der Taliban gegenüber den Hazara änderte sich im letzten Jahrzehnt pragmatisch mit ihrer Unterstützung durch den Iran einerseits und dem Aufkommen des Islamischen Staats-Khorasan andererseits. Denn der ISK erklärt sich bis heute für verheerende Anschläge auf schiitische Einrichtungen wie Krankenhäuser, Gebetshäuser und Schulen verantwortlich. In Abgrenzung zum ISK gerieren sich die Taliban seit 2017 als Schutzmacht der Hazara und verurteilen Anschläge des ISK auf schiitische Einrichtungen vehement. In die Übergangsregierung der Taliban 2021 wurde sogar ein Hazara berufen. Auch ließen die Taliban wissen, dass sie das schiitische Familienrecht zulassen würden. Dennoch muss bedacht werden, dass innerhalb der Taliban auch salafistische Strömungen existieren, die jeden Abfall vom wahren Glauben sanktionieren.

Drogenpolitik

Seit 2001 hielten die Taliban daran fest, den Konsum von Drogen aus religiösen Gründen zu verbieten. Wirtschaftlich betrachtet verdienten sie jedoch weiter am Opiumanbau und -handel (siehe S. 72). In Helmand, dem wichtigsten Anbaugebiet für Rohopium, unterstützten die Taliban den Widerstand gegen die Drogenvernichtungsprogramme der US-Armee und der Briten. Hiermit gewannen sie den Rückhalt Tausender Kleinbauern, die ihre Existenz gefährdet sahen. In Nangarhar, dem zweitwichtigsten Anbaugebiet für Rohopium, wo der ISK rigoros gegen die Opiumökonomie vorging, erlaubten die Taliban im Umkehrschluss den Anbau von Schlafmohn, um sich als «sorgende» Lokalmacht zu legitimieren.

Das Spannungsverhältnis zwischen religiös motivierten, offiziellen Einstellungen und pragmatischem Umgang hinsichtlich Drogenanbau und -handel wird bei einem Vergleich ihrer Opium- mit ihrer Cannabispolitik deutlich: Während die Taliban Opiumanbau dulden, verboten sie 2020 den Cannabisanbau und -handel und untermauerten dies mit einer Fülle von *Fatwas* (Rechtsgutachten), die dies als schwere Verstöße gegen die islamische Ordnung brandmarkten. Nach August 2021 brachte die amtierende Taliban-Regierung auch ein Verbot der Opiumwirtschaft ins Gespräch. Allerdings sei die Durchsetzung gegenwärtig unrealistisch, da viele bäuerliche Existenzen auf dem Spiel stünden. Als Vorbedingung für die Beendigung der Drogenwirtschaft forderten die Taliban internationale wirtschaftliche Hilfe.

Anwendung von Gewalt

Das Image der Taliban ist durch extreme Brutalität gekennzeichnet. Dies war bereits unter dem ersten Emirat der Fall, als sie konsequent und mit abschreckenden Maßnahmen ihre Politik durchsetzten. Gerade archaisch anmutende Akte der Gewalt wie öffentliche Steinigungen oder Hinrichtungen in Sportstadien beförderten das Bild von grausamen und skrupellosen Kämpfern, die durch den Krieg verroht waren. Auch in den letzten zwanzig Jahren symbolisierten Selbstmordattentate oder Führungsfiguren wie Mullah Dadullah diese offensichtliche Bereitschaft, Gewalt ohne legitimatorische Grenzen anzuwenden. Als die Taliban in Herat nach ihrer Machtübernahme am 26. September 2021 drei bereits tote Kriminelle an Kränen aufhängten, sahen die Medien darin eine Bestätigung dafür, dass sich die Taliban nicht geändert haben. Dieses Beispiel brutaler Abschreckung steht allerdings im Kontrast zu der Tatsache, dass die Taliban im Frühling und Sommer 2021 Afghanistan überrannten, ohne dass es zu großen Gewaltexzessen kam. Es war die friedlichste Machtübernahme in dem seit vierzig Jahren andauernden Krieg, in dem in der Vergangenheit im Kampf um jeden Quadratmeter literweise Blut vergossen worden war.

Nach ihrer Machtergreifung sahen die Taliban von größeren

Racheaktionen bislang ab, was im Gegensatz zu paschtunischen Stammestraditionen steht, in denen das Ausüben von Revanche *(badal)* zentral ist. Der Verzicht auf Gewalt reflektiert vor allem ein strategisches Moment, das die Führungsspitze der Bewegung verordnete; die weitgehende Einhaltung demonstriert einen hohen Grad an Disziplin. Laut verschiedenen Menschenrechtsorganisationen kam es dennoch vereinzelt zu Ermordungen und Folter, vor allem ehemaliger Sicherheitsangehöriger; die Rede ist von 100–200 Fällen. Im Umgang mit der Zivilbevölkerung – gerade in Kabul – bemühten sich die Taliban bislang, Gewalt nicht direkt anzuwenden, um abschreckende Bilder in den sozialen Medien zu vermeiden. Den Taliban liegt offensichtlich viel daran, ihr gewalttätiges Image zu überwinden. Dabei sind sie konfrontiert mit der Tendenz, dass vereinzelte Bilder, die Frauen schlagende Taliban zeigen, umfassend und schnell verbreitet werden. Es stellt sich daher die Frage, ob die Taliban wieder oppressiv reagieren, wenn ihnen die Kontrolle entgleitet. Ein neuerlicher breiter Einsatz extremer Gewalt könnte auch aus einer langfristigen Isolation resultieren – wenn die internationale Gemeinschaft das neue Image der Taliban nicht durch eine Politik der Annäherung befördert.

Die Taliban und der transnationale Dschihadismus

Im Lauf ihrer Entwicklung zogen die Taliban erst als Emirat, dann als Aufstandsbewegung ein breites Spektrum regierungsfeindlicher bewaffneter Islamisten an, die ganz unterschiedliche eigene Agenden und Interessen verfolgten. Neben Arabern, Pakistanis und Kaschmiris kamen vor allem Islamisten aus Zentralasien und dem Kaukasus für eine militärische Ausbildung nach Afghanistan. In der Regel verfolgten die «Gäste» die Errichtung eines islamischen Kalifats, das nicht von nationalstaatlichen Grenzen beschränkt sein sollte. Dies stand im Kontrast zu den Vorstellungen der Taliban. So begegneten diese dem globalen Dschihad und selbst der Unterstützung der TTP im Nachbarland Pakistan in den letzten zwanzig Jahren stets sehr distanziert. Denn es war zentraler Teil ihres Selbstverständnisses, dass sie keine Herrschafts- und Machtambitionen jenseits der eigenen Staatsgrenzen verfolgten. Ihr Ziel bestand in der Wiedererrichtung ihres Islamischen Emirats in den nationalstaatlichen Grenzen Afghanistans. So stellten die Taliban das internationale staatliche System nie infrage und strebten – laut ihren Aussagen seit 2002 – einen Neutralitätsstatus an.

Trotz dieser konsequenten Haltung in ihren öffentlichen Verlautbarungen bestehen dennoch enge Verbindungen zum globalen Dschihad. In der Vergangenheit sollen sich auch das Haqqani-Netzwerk und einzelne Kommandeure wie Mullah Dadullah für einen globalen Dschihad ausgesprochen haben. Selbstmordattentate, Enthauptungen und die Inkaufnahme ziviler Opfer zeugen von salafistischen Einflüssen aus dem arabischen Raum. Interessant ist, dass die Taliban der zweiten Generation – trotz ihrer ideologisch radikaleren Prägung in salafistisch beeinflussten Milieus und Deoband-Medresen – nach der erneuten Machtübernahme 2021 nicht durch Widersprüche zum nationalistischen Prinzip der Bewegung aufgefallen sind.

Im Folgenden sollen die Nähe und Abgrenzung der Taliban zu al-Qaida – als dem wichtigsten Vertreter des globalen Dschihad – und zum Islamischen Staat mit seinem Ableger ISK betrachtet werden. Zu beiden unterhielten die Taliban in der Vergangenheit zumindest ein ambivalentes Verhältnis – schon allein aufgrund personeller Überschneidungen, wie das Beispiel Serajuddin Haqqani verdeutlicht, der sowohl zum ISK als auch zu al-Qaida Beziehungen unterhielt. Zudem kennzeichnete beide Organisationen ein Konkurrenzverhältnis um die Führungsposition unter den dschihadistischen Gruppen mit globalem Expansionsanspruch, zu dem die Taliban sich positionieren mussten, um ihren eigenen Standpunkt zu verteidigen.

Vor 2001 setzten die Taliban auf Koexistenz mit ausländischen Dschihadisten und erwarteten stets, dass sich diese den eigenen Kommandeuren unterordnen würden. Die Araber waren in der Regel gut ausgebildet und blickten auf die in ihren Augen rückständigen Afghanen herab. Osama bin Laden etablierte – in Übereinstimmung mit der ideologischen Unterscheidung al-Qaidas zwischen einem nahen und einem fernen Feind – die

Idee, sich prioritär Anschlagszielen außerhalb der muslimischen Welt zuzuwenden. Dies brachte das Emirat der Taliban in eine schwierige Lage, wie die 1999 verhängten Sanktionen zeigten, zumal die Taliban diese Feindunterscheidung nicht teilten und jenseits des afghanischen Territoriums eben keine Macht beanspruchten. Vielmehr waren sie bestrebt, jegliche militärischen Auseinandersetzungen mit US-Zielen zu vermeiden. 1996 hatte Mullah Omar US-Präsident Bill Clinton sogar einen Brief geschrieben, in dem er zusicherte, dass vonseiten der Taliban keine Gefahr für die USA oder sonst jemanden ausgehen werde.

Als 2014 ein Video öffentlich wurde, das Osama bin Laden im Juni 2001 zeigt, wie er den Treueeid auf Mullah Omar schwört und ihn damit als «Führer aller Gläubigen» anerkennt, vermutete man, dass dies ein strategischer Schachzug bin Ladens gewesen war, um die Taliban für die internationale Verurteilung wegen al-Qaidas Präsenz in Afghanistan gewissermaßen zu entschädigen. Bin Ladens Nachfolger Aiman al-Zawahiri (geb. 1951) erneuerte diesen Treueeid als Repräsentant al-Qaidas gegenüber Mullah Omars Nachfolger Akhtar Mohammed Mansur Mitte 2015. Das Motiv al-Qaidas für die öffentliche Anerkennung der Taliban schien zu jener Zeit nicht in der Anerkennung der spirituellen Führungskraft der Taliban zu liegen, sondern vielmehr in dem Bestreben, dem Kalifen des IS, Abu Bakr al-Baghdadi (1971–2019), den globalen Führungsanspruch abzusprechen. Der IS hatte nämlich 2014 Mullah Omars politische und spirituelle Autorität offen infrage gestellt. Al-Baghdadi soll Mullah Omar sogar vernehmlich als Idioten und ignoranten Kriegsherrn bezeichnet haben, dem man nicht ernsthaft folgen könne.

So dienten die Taliban als Projektionsfläche einer sich vertiefenden Kluft zwischen al-Qaida und dem IS. Letzterer war 2011 aus einer Abspaltung von al-Qaida im Irak hervorgegangen. Die Taliban ließen verlautbaren, dass sie den Treueeid Zawahiris zwar angenommen hätten, aber dies nicht heiße, dass sie al-Qaidas politische Ambitionen teilten. Gleichzeitig bedeutete die schmähliche Zurückweisung durch den IS, dass das Tischtuch zerschnitten war. Im ISK fanden sich daher die Gruppierungen derjenigen Taliban wieder, die mit der politischen Führung überkreuz lagen und eine radikalere Gangart befürworteten (siehe S. 63 f.).

Es bleibt festzuhalten, dass die Taliban stets darauf verzichteten, ihre Beziehung zu al-Qaida öffentlich zu bestätigen oder zurückzuweisen. Selbst in den Doha-Verhandlungen setzten sie sich gegenüber den USA durch, und die explizite Nennung al-Qaidas wurde im Vertragswerk vermieden zugunsten der Zusicherung, die Taliban würden verhindern, dass afghanisches Territorium als Ausgangspunkt für terroristische Angriffe gegen die USA und ihre Alliierten missbraucht werde. Dahinter steht ein generelles Unverständnis der Taliban, warum der Westen sich so auf al-Qaida als Feind Nr. 1 konzentriert; sie bezweifeln, dass al-Qaida Drahtzieher der Terroranschläge vom 11. September 2001 gewesen ist, zumal die USA keine Beweise für Osama bin Ladens Beteiligung geliefert hätten. Somit sind die Taliban davon überzeugt, dass die US-Intervention in Afghanistan unrechtmäßig gewesen war.

Ausländische Kooperation und Unterstützung

Nach der erstmaligen Eroberung Kabuls durch die Taliban 1996 erkannten Pakistan, Saudi-Arabien und die Vereinigten Arabischen Emirate als einzige Staaten die Taliban-Regierung offiziell an. Der Führungsriege des ersten Emirats fehlten jedoch sowohl außenpolitisches Verständnis als auch ein Sinn für die Spielregeln internationaler Beziehungen. Entsprechend gering ausgebildet waren die außenpolitischen und diplomatischen Fähigkeiten ihrer Mitglieder. In ihrem Selbstverständnis waren sie voller Ambitionen. Sie sicherten den Vereinten Nationen und NGOs volle Unterstützung bei deren Arbeit zu, sprachen sich gegen alle Formen von Terrorismus aus und kündigten eigene Reformen an. Dabei hofften sie stets, im internationalen Dialog auf Augenhöhe zu sein, selbst nachdem sich abzeichnete, dass in absehbarer Zeit keine weiteren Staaten die Taliban-Regierung diplomatisch anerkennen würden. Als die USA und die UNO 1999 Sanktionen gegen die Taliban verhängten, da diese Osama bin Laden beherbergten, fühlten sich die Taliban diskriminiert und als Opfer einer internationalen, von den Vereinten Nationen gegen sie angeführten Kampagne. Sie schlossen daraufhin alle UN-Vertretungen bis auf die in Kabul und isolierten sich zunehmend. Ihr außenpolitisches Agieren schwankte immer wieder zwischen Ablehnung, Enttäuschung und Vergeltung (Zulassen, dass die Buddha-Statuen zerstört wurden; Schließung der UN-Büros) einerseits und Versuchen der Annäherung andererseits, um auf gemeinsame Interessen aufmerksam zu machen – wie beispielsweise mit dem Opiumbann 2000.

Nach der Einnahme Kabuls und der erneuten Proklamation des Islamischen Emirats Afghanistan im Herbst 2021 begrüßten viele muslimische Länder zwar die Machtübernahme der Taliban, hielten sich aber mit diplomatischer Anerkennung zurück, um nicht als Paria internationale Ächtung zu erfahren. Auch die Vereinten Nationen schoben eine Entscheidung über den Antrag der Taliban, auf der UN-Vollversammlung im Herbst 2021 aufzutreten und dort den Sitz Afghanistans einzunehmen, auf.

Gleichwohl bauten die Taliban im Zuge der Bemühungen um Friedensverhandlungen seit 2010 und vor allem seit der Eröffnung ihres politischen Büros in Doha 2013 zahlreiche internationale Beziehungen auf, die in vielen Bereichen ihre de facto-Anerkennung implizierten. So handelten etwa internationale NGOs in Doha humanitären Zugang für Ärzte und Gesundheitspersonal aus. Die Taliban tauschten sich mit den Vereinten Nationen über inoffizielle Kontakte hinsichtlich der Methoden und Diskrepanzen in zivilen Opferstatistiken aus. Die Doha-Vereinbarung mit den USA und die periodisch wiederholten Bekenntnisse der Taliban, diese strikt einzuhalten, setzen sich im Ansinnen der Übergangsregierung fort, sich für Wiederaufbauhilfen der USA zu qualifizieren. Gegenüber der islamischen Welt gibt es regelmäßige Solidaritätsbekundungen, beispielsweise mit Palästinensern oder muslimischen Minderheiten weltweit. In der Uiguren-Frage wiederum drückt sich die Haltung der Taliban in Schweigen aus, um die potenziell wichtige Unterstützung durch China nicht zu gefährden. Denn die Taliban sind auf internationale Finanzierung ihrer öffentlichen

Leistungen angewiesen und signalisierten seit Langem, Gelder aus dem Ausland korruptionsfrei für das Wohl der Bevölkerung einsetzen zu wollen. Ihre Einstellung gegenüber Entwicklungsprojekten als einem Aspekt ausländischer Einflussnahme änderten sie seit Mitte der 2000er-Jahre sukzessive. Die Arbeit vor allem westlicher NGOs wird nicht nur zugelassen, sondern auch unterstützt. So sind die Taliban 2021–22 weit besser auf Erfordernisse der internationalen Zusammenarbeit vorbereitet als vor 2001.

Unter den ausländischen Akteuren nehmen Pakistan sowie Saudi-Arabien und die Golfstaaten eine hervorgehobene Stellung ein, da sie kontinuierlich die wichtigsten Unterstützer der Taliban waren. Hier lohnt eine besondere Betrachtung.

Pakistan

Immer wieder beeinflusste Pakistan aufgrund seiner geostrategischen Lage (Zugang zum Meer) als südlicher und östlicher Nachbar sowie aufgrund der Zugehörigkeit eines signifikanten Anteils seiner Bevölkerung zu den Paschtunen und Belutschen, die in beiden Staaten siedeln, die Geschicke Afghanistans. Die Feindschaft mit Indien seit 1947 bedingt, dass Pakistans sicherheitspolitisches Bestreben bis heute der Errichtung eines Islamabad wohlgesinnten Regimes in Afghanistan gilt, um einem möglichen Zweifrontenkrieg Indiens gegenüber Pakistan vorzubeugen.

Im Kontext des Stellvertreterkriegs zwischen den USA und der Sowjetunion in den 1980er-Jahren stattete Pakistan als Hauptverbündeter des westlichen Blocks die bewaffnete Opposition gegen das kommunistische Regime in Kabul mit massiven Finanzhilfen und Waffenlieferungen nach eigenem Dafürhalten aus. Der pakistanische Geheimdienst ISI entwickelte sich in den 1980er-Jahren zum Strippenzieher der Afghanistanpolitik. Gleichzeitig entfaltete der pakistanische Militärdiktator Zia-ul-Haq, von 1978 bis 1988 an der Macht, eine rigide Islamisierungspolitik: Diese beeinflusste nicht nur Armee, Bürokratie und Geheimdienst, sondern trug auch zu einer Radikalisierung der breiten Gesellschaft bei (siehe S. 21). So baute die islamistische Partei *Jamiat Ulama-ye-Islam* (JUI) – angeblich auf Geheiß des ISI – eine groß angelegte Infrastruktur von Deoband-Medresen in den paschtunischen Stammesgebieten Pakistans auf. Die rhetorische Rahmung des Afghanistankrieges als Angriff auf «den Islam» und die Ausrufung des bewaffneten Widerstands als Dschihad bildeten die Voraussetzungen dafür, dass einseitige islamistische Gruppen über den ISI Zugang zu internationaler Unterstützung erhielten. Pakistan erkannte nur sieben Mudschahedin-Parteien an, die offiziell unterstützt wurden und gleichzeitig die Masse der 3,5 Millionen afghanischen Flüchtlinge in Pakistan kontrollierten. Unter diesen Gruppen gehörte die *Harakat-i Enqelab-i Islami*, in der in den 1980er-Jahren viele spätere Mitglieder der Taliban organisiert waren, nicht zu den zuvorderst protegierten. Stattdessen war die *Hizb-i Islami* von Gulbuddin Hekmatyar (HIG) aufgrund ihrer Radikalität ihr bevorzugter Partner.

Das gängige Narrativ besagt, dass der ISI im Zusammenspiel mit pakistanischen Medresen die Taliban in den pakistanischen Flüchtlingslagern «erschuf». Demnach entsprächen die Taliban Puppenregimentern ohne eigenständige Motivation oder Identität, die der ISI zu pakistanischem Vorteil einsetze. Jedoch sind die Beziehungen zwischen Taliban und Pakistan weit komplexer: Zum einen gab es die Taliban bereits, bevor Pakistan Interesse an dieser Bewegung fand. So hatten die Taliban im Laufe des Jahres 1994 im Umland von Kandahar erste territoriale Gewinne erzielt (siehe Kapitel 2). Um die Stärke und Verlässlichkeit der Taliban auszutesten, schickte der pakistanische Innenminister Nasirullah Babar (1928–2011) Ende September 1994 einen LKW-Konvoi in Richtung Südafghanistan. Als Mudschahedin diesen nahe Kandahar überfielen, setzten die Taliban ihn wieder frei und nahmen am 5. Oktober Kandahar ein. Aufgrund dieser Ereignisse werden die Taliban immer wieder als eine Erfindung Islamabads bezeichnet, was sie jedoch nicht waren. Dennoch war Islamabad seit diesem Vorfall bereit, die Taliban zu fördern. Mit der Einnahme Kabuls 1996 durch die Taliban hatte Islamabad zudem endlich die ersehnte «strategische Tiefe» gegenüber Indien erreicht. Nun nahm sich Pakistan der

Bewegung verstärkt an, um die eigenen Interessen durchzusetzen: So leisteten ISI und das pakistanische Militär logistische und militärische Hilfe und unterstützte Islamabad die Bemühungen der Taliban um internationale Anerkennung. Während die Taliban die Unterstützung des ISI gern annahmen, waren sie stets darauf bedacht, ihre Autonomie gegenüber Pakistan zu behaupten.

Neben dem pakistanischen Staat – Regierung, Armee, ISI – bestanden mit diversen nicht-staatlichen Akteuren aus Pakistan enge Verbindungen. Dazu gehörten in den ersten Jahren nach der Formierung der Taliban-Bewegung vor allem die pakistanischen Transportfirmen. Diese unterstützten die Taliban finanziell, um die Transitrouten in Richtung Zentralasien abzusichern, die in den Jahren zuvor aufgrund der Rivalität und der Kämpfe zwischen verfeindeten Mudschahedin-Verbänden unsicher und wenig lukrativ gewesen waren. Zudem übte die Deoband-Partei *Jamiat Ulama-ye-Islam* (JUI) mit ihrem Netzwerk von Medresen erheblichen Einfluss auf die Taliban aus. Ihre Geistlichen berieten die Taliban, und nach der Einnahme Kabuls hielt sich im Herbst 1996 eine JUI-Delegation in Afghanistan auf, um die Taliban bei der Ausarbeitung einer neuen Verfassung zu unterstützen. Über die Deoband-Medresen in den Stammesgebieten Pakistans, aber auch in Karatschi, erhielten die Taliban kontinuierlich neue Kämpfer zugeführt – Afghanen wie Pakistaner. Allerdings entsprach dieser Zufluss weniger einer vom ISI orchestrierten Strategie als vielmehr einer Dynamik, der die pakistanischen Sicherheits- und Grenzbehörden wenig entgegenzusetzen hatten. 1995 gab etwa die pakistanische Präsidentin Benazir Bhutto, die oftmals als vermeintliche Urheberin der Taliban genannt wird, zu Protokoll, dass Pakistan die Rekruten, die aus den Medresen nach Afghanistan strömten, nicht aufhalten könne.

Die stärkste Verbindung der Taliban nach Pakistan besteht jedoch nicht auf politischer, ökonomischer oder religiöser Ebene, sondern auf familiärer. So leben in Pakistan seit Beginn des Afghanistankriegs nach wie vor etwa drei Millionen Afghanen, einschließlich der Familien der Taliban-Führung und -Kämpfer.

Die meisten von ihnen wurden in Pakistan geboren und sozialisiert und sprechen als Zweitsprache Urdu und nicht die afghanische Lingua franca Dari. Die afghanische Diaspora fühlt sich emotional und ideell nach wie vor an Afghanistan gebunden. In Pakistan haben die Afghanen zudem oftmals einen rechtlich prekären Status und werden als Menschen zweiter Klasse angesehen. Daher teilen viele von ihnen mit den Taliban ein grundlegendes Misstrauen gegenüber dem pakistanischen Staat.

Nach 9/11 und dem Fall der Taliban 2001 befand sich Islamabad in der schwierigen Lage, die Verbündeten von einst zum neuen Gegner zu erklären. Selbst die pakistanische Öffentlichkeit hatte die Taliban mehrheitlich als die «Eigenen» angesehen, die in Afghanistan für eine «gute Sache» – teils eher religiös (Emirat), teils national begründet (pakistanische Interessen) – kämpften. Mit dem Sturz des Taliban-Regimes strömten auf einmal Tausende militante Islamisten zurück nach Pakistan. Die pakistanische Regierung befürchtete die Destabilisierung des Landes. Ein kurzfristiges Ventil war der Einsatz von Taliban in Kaschmir; langfristig hoffte die Regierung, durch die Kanalisierung der Taliban zurück nach Afghanistan Instabilität im eigenen Land abzuwenden. Spätestens seit 2003/04 unterstützte Pakistan die aufkeimende Aufstandsbewegung der Taliban finanziell. Gleichzeitig war das Land als erneuter Verbündeter der USA im Kampf gegen den Terrorismus gezwungen, jegliche Unterstützung der Taliban möglichst klandestin zu halten und offiziell abzustreiten. Dies hinderte den ISI nicht daran, den Taliban 2005 mitzuteilen, dass ihre bis dato informell geduldete Präsenz in Pakistan fortan offiziell toleriert und systematisch unterstützt werden würde.

Diese Entscheidung des pakistanischen Sicherheitsestablishments war wegweisend für die weitere Entwicklung, denn sie legitimierte die Verfügbarkeit von Infrastruktur und Logistik. Die Taliban konnten sich fortan in Pakistan relativ frei bewegen und Schuras in Quetta und Peschawar etablieren. Ein wichtiges Argument für die pakistanische Unterstützung der Taliban war die Sorge vor einer geostrategischen Einkreisung, nachdem die afghanische Karzai-Regierung gute Kontakte zu Indien etabliert hatte. Die Eröffnung indischer Konsulate in Jalalabad und Kandahar sowie die indischen Straßenbauaktivitäten in Südafghanistan wertete Pakistan als den Versuch Indiens, über die Präsenz in Afghanistan die FATA und Belutschistan zu infiltrieren und separatistische Strömungen zu fördern, um Pakistan zu destabilisieren.

Der ISI übernahm wie schon in den 1980er-Jahren die Rolle des Durchlauferhitzers und Verteilers ausländischer Zahlungen und Ausstattungshilfen für die Taliban. Seit 2005 sollen diese Zahlungen in die Höhe geschnellt und mit der Zunahme der Taliban-Aktivitäten in Afghanistan stetig gestiegen sein. 2008 und 2009 soll der ISI jeweils 150 Mio. Dollar von ausländischen Gebern an die Quetta-Schura ausbezahlt haben, vorrangig aus den Golfstaaten sowie dem Iran. Diese Mittlerrolle des ISI verstärkte den Eindruck, dass die Taliban die Marionetten Pakistans seien. Dagegen spricht, dass sie seit 2009/10 bewusst ihre Förderlandschaft diversifizierten, um der dominanten Rolle Pakistans zu entgehen. Als Iran, aber auch Russland, China und al-Qaida – unabhängig von ISI-Mittelsmännern – auf die Bildfläche traten, gelang es Pakistan, über die Drosselung der Finanzzuwendungen in begrenztem Umfang Druck auf die Taliban auszuüben. Wenn hier wie auch bei anderen politischen Themen die Taliban sich nicht gefügig zeigten, setzte Pakistan als letztes Mittel Freiheitsentzug und Gewalt ein. So verschwanden im Laufe der Jahre zahlreiche Taliban-Größen, die zum Beispiel – unabhängig von Pakistan – Gesprächsbereitschaft mit der Regierung in Kabul signalisierten. Mullah Baradar wurde 2010 verhaftet und erst 2018 auf Druck der USA freigelassen; andere Verhaftete starben in ISI-Gewahrsam. Islamabad nutzte zudem die Erpressbarkeit der Taliban infolge des Umstands, dass ihre Familien in Pakistan lebten und ein Großteil der medizinischen wie der militärisch-logistischen Versorgung über Pakistan abgewickelt wurde. Diese Politik Pakistans hatte aber auch zur Folge, dass die Taliban stets eine kritische Distanz bis hin zur Ablehnung gegenüber Pakistan bewahrten. Erst mit ihren Machtgewinnen innerhalb Afghanistans seit 2012 konnten sich die Taliban sukzessive aus der pakistanischen Abhängigkeit lösen, etwa im Bereich der medizinischen Versorgung oder der Sicherheit der eigenen Familien. Für viele afghanische Familien und alle, die eine höhere Ausbildung anstreben, wird Pakistan dennoch zumindest mittelfristig ein wichtiger Bezugspunkt bleiben.

Daneben war der größte Hebel für Pakistan die historisch gewachsene Beziehung des ISI zum Haqqani-Netzwerk. Der ISI unterstützte die Haqqanis dabei, ihren Einfluss innerhalb der Taliban-Bewegung auszubauen. Insbesondere in den Querelen um Mullah Omars Nachfolge gelang dem ISI mit der Berufung Serajuddin Haqqanis als Verantwortlichem für die Militärkampagne der Quetta-Schura ein Coup, der den Nachfolger Mullah Omars, Akhtar Mansur, ausbootete. Diese Verbindung zwischen dem Haqqani-Netzwerk und dem ISI besteht bis heute: Über Serajuddin Haqqani, der 2021 zum Innenminister der Taliban-Übergangsregierung berufen wurde, hat Pakistan einen wichtigen Zugriff auf die afghanische Innenpolitik. Der Besuch des ISI-Chefs General Faiz Hamid in Kabul Anfang September 2021 ist ein weiterer Indikator dafür.

Auch Pakistans Premier Imran Khan (geb. 1952) schwang sich zu einem wichtigen Anwalt der Taliban auf, indem er ihnen erst zur Machtübernahme gratulierte, diese als Befreiung aus der Sklaverei bezeichnete und sich dann für eine internationale Anerkennung der Taliban aussprach. Schließlich darf nicht unterschätzt werden, dass die ordnungspolitischen Ambitionen der Taliban für viele Pakistaner – vorrangig Studenten und Absolventen der Deoband-Medresen – ein Idealbild darstellen, zu dessen Erreichung sie aufopferungsvoll beizutragen bereit sind. Dem Aufruf pakistanischer Kleriker und Taliban-Führer, sich der militärischen Offensive der Taliban im Frühjahr und Sommer 2021 anzuschließen, folgten weit mehr Pakistaner als in den Vorjahren. Gerüchten zufolge sollen die Taliban willigen Kämpfern im Gegenzug ein permanentes Aufenthaltsrecht in Afghanistan in Aussicht gestellt haben.

Saudi-Arabien und die Golfstaaten

Wenn Pakistan als Frontstaat im Kalten Krieg gegen den Kommunismus sowie im *War on Terror* seit den 1980er-Jahren eine zentrale Mittlerrolle einnahm, spielten Golfstaaten wie die Vereinigten Arabischen Emirate, Qatar und Saudi-Arabien eine wichtige Unterstützerrolle als Finanziers von Waffen und Ausrüstung, als Herkunftsregionen für Kämpfer und bei der ideologisch-religiösen Legitimierung zur Errichtung eines islamischen Staates in Afghanistan. Während des Kalten Krieges war Saudi-Arabien neben den USA der zweitwichtigste Geber, während nicht-staatliche saudische Akteure langlebige Netzwerke für die Rekrutierung und Ausbildung von Kämpfern sowie eine Infrastruktur aus Moschee- und Koranschulen nach wahhabitischem Vorbild aufbauten.

Seit dem Erscheinen der Taliban ging es Saudi-Arabien und anderen Golfmonarchien sicherheitspolitisch vor allem darum, militante salafistische Gruppierungen in den eigenen Ländern auf Ziele – fernab der Heimat – in Afghanistan hin auszurichten und über die Taliban zu kontrollieren. Islamisten, die möglicherweise die politische Stabilität der Golfmonarchien beeinträchtigt hätten, erhielten im Afghanistankrieg ein Ventil für ihre dschihadistischen Ambitionen. Die massive Unterstützung der Taliban durch private saudische Akteure setzte sich nach 2001 fort, obwohl Saudi-Arabien sich offiziell als Alliierter der USA im internationalen Kampf gegen den Terrorismus profilierte. Ein wichtiger Grund für die verstärkte Unterstützung Qatars wie Saudi-Arabiens für die Taliban ab 2005 bestand in der Befürchtung beider Regierungen, dass der Iran seinen Einfluss in der Region über die Taliban ausdehnen könnte. Saudi-Arabien war Pakistan zudem historisch eng verbunden und unterstützte alle pakistanischen Regierungen in dem Bestreben, eine pakistanfreundliche Regierung in Kabul zu etablieren, die Iran auf Distanz halten würde. Daneben befürchtete Saudi-Arabien in der US-Intervention in Afghanistan und der sie begleitenden prodemokratischen Rhetorik wohl ein Risiko für die Stabilität der autokratischen Golfstaaten. Daher unterstützte Riad die Taliban, um die demokratiepolitischen Bestrebungen des Westens in der Region einzudämmen. Die Motive anderer Golfstaaten für eine Förderung der Taliban via Pakistan sind ähnlich gelagert, nicht zuletzt zielte ihr Engagement darauf ab, eine saudische Hegemonie in der Unterstützung auszugleichen.

Zudem vertiefte sich seit 2011 die Kluft zwischen Saudi-Arabien und den Vereinigten Arabischen Emiraten auf der einen Seite und Qatar auf der anderen Seite bezüglich der Politik im Mittleren Osten. Dies hatte Auswirkungen auf die Taliban, da beide Lager nun eine unterschiedliche Schura unterstützten. Qatar engagierte sich zudem im Versöhnungsprozess der Taliban mit der Regierung in Kabul in den Doha-Gesprächen seit 2010. Bis 2013 scheiterten Bestrebungen für die Einrichtung eines Taliban-Büros in Doha am Widerstand Pakistans, der afghanischen Regierung und konservativer Taliban, die sich ausgeschlossen fühlten. Es wird angenommen, dass Qatar sich die 2013 erfolgte Zustimmung aller Akteure zur Eröffnung des politischen Büros der Taliban in Doha durch langfristige finanzielle Unterstützung erkaufte. Dass die Taliban Qatar und nicht die Türkei oder Saudi-Arabien als Verhandlungsort auswählten, dürfte darauf zurückzuführen sein.

Deutlich wurden diese engen Verbindungen auch, als die Luftwaffe von Qatar im August 2021 Mullah Baradar nach Kandahar flog, nachdem die Taliban die Stadt erobert hatten. Seit die Taliban wieder in Kabul sitzen, versucht insbesondere Qatar, seine Rolle als «Brückenbauer» und als «Taliban-Versteher» auszubauen. Bei der Luftbrücke aus Kabul war Doha der wichtigste Flughafen, über den mehr als 60000 Menschen aus Afghanistan evakuiert wurden. Qatar erklärte sich bereit, gemeinsam mit der Türkei die operative Instandhaltung des Kabuler Flughafens zu übernehmen. Auch verlegten sämtliche westliche Staaten ihre diplomatischen Vertretungen aus Kabul vorübergehend nach Doha. Denn seit den Friedensgesprächen zwischen den USA und den Taliban avancierte Doha zum diplomatischen Zentrum der Afghanistanpolitik.

Die Zukunft der Taliban

Es stellt sich die Frage, ob die Taliban mit der Einnahme von Kabul am 15. August 2021 bereits den Zenith ihres Erfolges erreicht haben und die Bewegung nun aufgrund interner Differenzen wieder zerfällt. Dagegen spricht, dass die Taliban in der Lage waren, nicht nur militärische, sondern auch zivile Strukturen aufzubauen und diese mit Leben zu füllen. Dafür spricht – wie vielfach deutlich wurde –, dass die Taliban eine sehr fragile, heterogene Bewegung darstellen, die von unterschiedlichen Machtinteressen durchsetzt ist.

Eine zentrale Herausforderung ist, inwiefern die Taliban in der Lage sein werden, ihre Kampfmaschinerie in zivile Bahnen zu transferieren und dabei nicht in internen Konflikten aufgerieben zu werden. Denn wie sieht die Zukunft eines einfachen Taliban-Kämpfers aus, der außer Koran und Kriegshandwerk wenig gelernt hat, sich nun aber als Sieger fühlt und das Idealbild der ländlichen Idylle von vor dem Krieg nicht wieder vorfindet? Zudem wird das Spannungsverhältnis zwischen der Zentrale und den lokalen Machthabern entscheidend sein. Zieht das Zentrum zu viel Macht an sich, droht der Abfall vieler lokaler Potentaten; beanspruchen die lokalen Machthaber zu viel Eigenständigkeit, bleibt das Zentrum handlungsunfähig.

Dabei spielen auch regionale Identitäten eine wichtige Rolle, denn besonders die Konkurrenz zwischen den Taliban aus Loy Kandahar und aus Loya Paktia (Haqqanis) könnte die Bewegung spalten. Fragmentierungspotenzial bergen auch die internen Machtkämpfe. Hier wäre es zu kurz gegriffen, zwischen orthodoxen und pragmatischen Lagern oder Rechtsgelehrten und politischem Büro zu unterscheiden – Bruchlinien, die es zweifellos gibt. Rigorose Islamisten, die an die Taliban-Regierung der 1990er-Jahre und ein idealisiertes Weltbild des frommen paschtunischen Landlebens anknüpfen wollen, stehen hier jedenfalls Moderaten gegenüber, die ihre Töchter auf möglichst gute Schulen schicken wollen und das Ziel haben, Afghanistan in einem zwar eigenen Weg, aber in Kooperation mit den Nachbarstaaten und der internationalen Gemeinschaft zu entwickeln. Setzten sich diese durch, so würden die Taliban den internationalen Erwartungen in der Frauen- und Bildungsfrage entgegenkommen.

Dass eine einfache Unterscheidung zwischen moderat und radikal die Komplexität der Abgrenzungen nicht ausreichend erfasst, illustriert das Haqqani-Netzwerk: Es kann etwa aufgrund des exzessiven Einsatzes von Selbstmordattentaten als radikal betrachtet werden, seine Haltung gegenüber Mädchenbildung ist dagegen eher gemäßigt. Ein weiterer Konflikt besteht zwischen unterschiedlichen Generationen der Taliban. Die alte Garde um Mullah Baradar wird längst von den Nachkömmlingen (u.a. Serajuddin Haqqani) herausgefordert. Schließlich ist der Führungsanspruch innerhalb der Taliban ungeklärt: Die Frage, ob Abstammung (Mullah Omars Sohn Yaqub) oder gewisse Fähigkeiten in Zukunft für die Ernennung zum *amir al-muminin* ausschlaggebend sein werden, ist offen. Mit dem ISK gibt es jedenfalls ein Sammelbecken für alle diejenigen, die über die Entwicklung der Taliban – inklusive ihrer möglichen Hinwendung zu und Zusammenarbeit mit dem Westen, der bis vor Kurzem noch für viele als Hauptfeind galt – frustriert sind und weiter kämpfen wollen.

Diese vielfältigen und sich überlappenden Spannungen innerhalb der Taliban erklären zu einem gewissen Grad, weshalb sich die Bewegung hinsichtlich der Ausbuchstabierung ihrer politischen Visionen so bedeckt hält. Ein Explizitmachen ihrer politischen Ambitionen würde viele dieser internen Konflikte aufreißen und brächte das Risiko mit sich, dass die hervortretende Uneinigkeit die Bewegung zur Implosion bringt. Einigkeit war stets ein Mantra der Führungsebene, dem viele praktische Schritte untergeordnet wurden. So bleibt zum Zeitpunkt der Fertigstellung dieses Buches weitgehend unklar, inwiefern die Taliban aus ihrer eigenen Geschichte gelernt haben und nun eine andere Politik betreiben und durchsetzen können als in der zweiten Hälfte der 1990er-Jahre.

Eine weitere ungeklärte Frage ist, wie weit der Einfluss Pakistans auf die Taliban reicht. Sicherlich hat Islamabad sein Ziel erreicht und nun eine Regierung in Kabul installiert, die keine pakistanfeindliche Politik betreiben wird. Gleichzeitig werden die Taliban – allein um in der Bevölkerung, in der die Pakistanis recht unbeliebt sind, Legitimation zu gewinnen – eine Politik betreiben, die auch Differenzen mit dem Nachbarstaat aufweisen wird. Die Aktivierung der TTP stellt hier ein wichtiges Drohpotenzial der Taliban dar.

Zudem werden die Taliban bemüht sein, ihre Kontakte zu anderen Staaten in der Region auszubauen – auch wenn diese wohl noch eine Zeit lang eher durch eine informelle Zusammenarbeit als durch Anerkennung geprägt sein werden. Namentlich den zentralasiatischen Staaten muss die Sorge vor lokalen dschihadistischen Gruppen genommen werden, die im Unterschied zu den Taliban ein weltweites Kalifat anstreben und die Regierungen der Nachbarstaaten stürzen wollen. Auch das Verhältnis zu den Kontrahenten Saudi-Arabien und Iran, die beide die Taliban vehement förderten, muss gut austariert werden. In der geoökonomischen Lage Afghanistans liegt letztlich ein großes Potenzial, das aufgrund des vierzig Jahre währenden Krieges nie gehoben wurde. So besteht nun erstmals die Möglichkeit, die Transportkorridore zwischen West-, Zentral- und Südasien wie auch China auszubauen; Afghanistan könnte im Rahmen der chinesischen Seidenstraßeninitiative zu einem wichtigen Transitland aufsteigen. Aber auch Europa und die USA werden über kurz oder lang eine Annäherung an die Taliban suchen – allein um deutlich zu machen, dass nicht alles, was an zivilem Aufbau in den letzten zwanzig Jahren in Afghanistan stattgefunden hat, umsonst gewesen ist.

Zeittafel

April 1978	Kommunistischer Putsch in Afghanistan
27. Dezember 1979	Beginn der sowjetischen Intervention in Afghanistan; Internationalisierung des Afghanistan-Krieges
1989	Abzug der sowjetischen Truppen aus Afghanistan
April 1992	Sturz Nadschibullahs durch die Mudschahedin
1992–1996	Andauernde Kämpfe legen Kabul in Schutt und Asche.
Sommer 1994	Auftreten der Taliban in Südostafghanistan
Oktober 1994	Die Taliban nehmen Kandahar ein.
4. April 1996	Mullah Omar nimmt in Kandahar den Titel *amir al-muminin* an.
Mai 1996	Osama bin Laden lässt sich in Jalalabad nieder.
27. September 1996	Die Taliban nehmen Kabul ein und ermorden den ehemaligen Präsidenten Nadschibullah.
7. August 1998	Al-Qaida verübt Anschläge auf die US-Botschaften in Daressalam und Nairobi.
12. August 1998	Die Taliban nehmen Mazar-i Scharif ein und richten ein Blutbad unter der schiitischen Bevölkerung an.
5. Juli 1999	Einseitige Verhängung von US-Sanktionen gegen die Taliban
15. Oktober 1999	Die Vereinten Nationen verhängen Sanktionen gegen die Taliban.
10. März 2001	Die Taliban zerstören die Statuen von Bamian.
9. September 2001	Ermordung von Ahmad Schah Masud
11. September 2001	Anschläge auf das World Trade Center und das Pentagon
7. Oktober 2001	Beginn der US-geführten militärischen Intervention in Afghanistan

12./13. November 2001	Die Taliban überlassen Kabul der Nordallianz.
27. November–5. Dezember 2001	Internationale Afghanistan-Konferenz auf dem Petersberg bei Bonn
8. Dezember 2001	Die Taliban verlieren Kandahar, ihre letzte wichtige Hochburg.
März 2003	Die Taliban richten in Quetta die *Rahbari Schura* (Oberster Führungsrat) ein.
2005	Entstehung der Peschawar-Schura
seit 2005	Zunahme der Kämpfe zwischen Aufständischen einerseits und ISAF und afghanischer Armee andererseits
2006	Veröffentlichung des ersten Verhaltenskodex (*laiha*) der Taliban
2007	Liquidierung wichtiger Taliban-Kommandeure wie Mullah Dadullah und Mullah Faruq
2007	Serajuddin Haqqani übernimmt die Führung des Haqqani-Netzwerks.
Dezember 2007	Gründung der *Tehrik-i-Taliban Pakistan* (TTP)
2009–2012	Aufstockung der US-Truppen auf 130000 Mann
8. Februar 2010	Mullah Baradar wird in Karatschi verhaftet.
2010	Die Karzai-Regierung richtet den Hohen Friedensrat ein, um mit den Taliban zu verhandeln.
2. Mai 2011	Ein US-Sonderkommando tötet Osama bin Laden in Abottabad/ Pakistan.
2013	Mullah Omar stirbt; sein Tod wird erst im Juli 2015 bekannt gegeben.
18. Juni 2013	Die Taliban eröffnen offiziell ein Verbindungsbüro in Doha.
16. Dezember 2014	Die TTP verübt in einer Schule in Peschawar ein Massaker.
31. Dezember 2014	Weitgehender Abzug der NATO-Truppen aus Afghanistan, Übergabe der Sicherheitsverantwortung an das afghanische Militär
Januar 2015	Der Islamische Staat-Khorasan (ISK) wird von Raqqa («Hauptstadt» des IS in Irak und Syrien) offiziell anerkannt.

29. Juli 2015	Akhtar Mohammed Mansur wird neuer *amir al-muminin* der Taliban.
28. September 2015	Die Taliban nehmen erstmals Kunduz zeitweise ein.
21. Mai 2016	Akhtar Mohammed Mansur stirbt bei einem US-Drohnenangriff in Belutschistan (Pakistan).
25. Mai 2016	Haibatullah Akhund wird neuer *amir al-muminin* der Taliban.
Juni 2018	Dreitägiger Waffenstillstand zwischen der afghanischen Regierung und den Taliban
25. Oktober 2018	Pakistan lässt Mullah Baradar auf Drängen der USA frei.
Oktober 2018	Beginn der Friedensverhandlungen zwischen den USA und den Taliban
29. Februar 2020	USA und Taliban unterzeichnen das Doha Friedensabkommen.
12. September 2020	Beginn der Friedensgespräche zwischen der afghanischen Regierung und den Taliban.
1. Mai 2021	Die Frist zum Abzug der US-Armee aus Afghanistan läuft ab; die Taliban intensivieren ihre Offensive.
8. August 2021	Die Taliban nehmen Kunduz ein.
12.–14. August 2021	Die Taliban nehmen Herat, Kandahar und Mazar-i Scharif ein.
15. August 2021	Die Taliban nehmen Kabul ein; Präsident Aschraf Ghani verlässt das Land.
26. August 2021	Bei einem Attentat der TTP auf den Kabuler Flughafen werden über 170 Afghanen und 13 US-Soldaten getötet.
7. September 2021	Die Taliban stellen ihre Übergangsregierung vor; am 22. September erfolgen letzte Ernennungen ins Kabinett.
Winter 2021/22	Afghanistan wird von einer schweren Hungersnot getroffen.

Karte 1: Provinzen Afghanistans

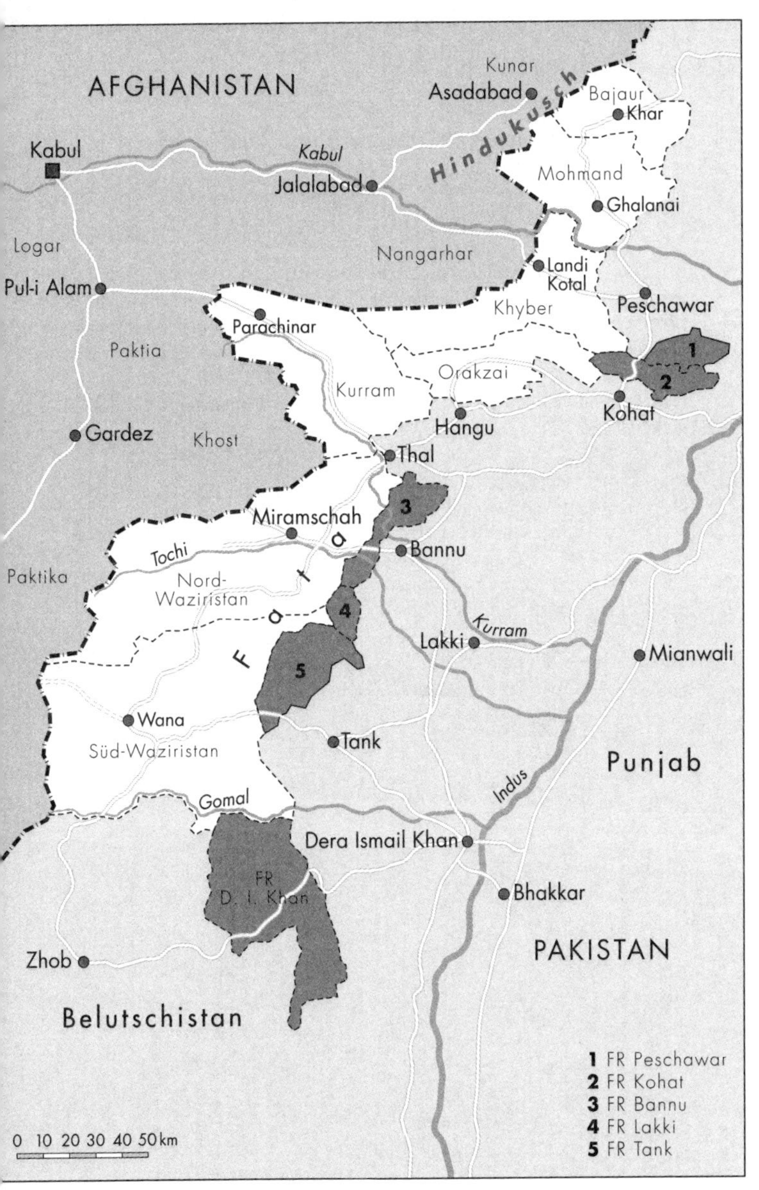

Karte 2: Das afghanisch-pakistanische Grenzgebiet

Hinweise zu Umschrift und Aussprache

Bei arabischen, persischen und paschtosprachigen Begriffen und Namen wurde im Interesse der besseren Lesbarkeit auf die wissenschaftliche Transkription verzichtet. Sofern sie sich im Duden finden (u. a. Mudschahedin, Dschihad, Scharia), erscheinen sie in der entsprechenden Schreibweise.

Den folgenden Buchstaben entspricht eine im Deutschen unübliche Aussprache:

ch	wie *tsch* in «Zwetschge»
gh	ein am Gaumen gebildetes *r*
h	ist immer ein Reibelaut wie in «Haus», kein Dehnungszeichen
j	wie *dsch* in «Dschungel»
kh	wie das harte *ch* in «Bach»
q	wie das deutsche *k*
s	ist immer stimmlos wie das *s* in «Wasser», auch am Wortanfang
th	entspricht dem stimmlosen englischen *th* wie in «thing».
z	ist immer stimmhaft wie das *s* in «Sonne»

Abkürzungen

COIN	Counterinsurgency; Aufstandsbekämpfung (der USA)
FATA	Federally Administered Tribal Areas; Stammesterritorien unter pakistanischer Bundesverwaltung
HIG	Hezb-i Islami; Islamische Partei Gulbuddin (unter Führung von Gulbuddin Hekmatyar)
HIK	Hezb-i Islami; Islamische Partei Khales (unter Führung von Yunes Khales)
IS	Islamischer Staat
ISAF	International Security Assistance Force; Internationale Sicherheitsunterstützungstruppe
ISI	Inter Services Intelligence; Zentraler Geheimdienst der Islamischen Republik Pakistan
ISIS	Islamischer Staat in Irak und Syrien
ISK	Islamischer Staat-Khorasan
JUI	Jamiat Ulama-ye-Islam; Vereinigung islamischer Gelehrter
KPK	Khyber-Pakhtunkhwa (pakistanische Grenzprovinz)
NGOs	Non-Governmental Organisations; NRO, Nichtregierungsorganisationen
TTP	Tehrik-i-Taliban Pakistan; Bewegung der Taliban Pakistans

Literatur

Die bis heute umfassendste Darstellung zur politischen Herrschaft der Taliban in den Jahren 1994–1999, aber auch ihrer weiteren Entwicklung bis in die Gegenwart, ist *Taliban. Afghanistans Gotteskrieger und der neue Krieg am Hindukusch* von Ahmed Rashid. Für ein Verständnis der Taliban speziell in den letzten zwanzig Jahren sind die Arbeiten von Antonio Giustozzi wegweisend. Sein Buch *The Taliban at War 2001–2018* bietet tiefe Einblicke in die politisch-militärischen Netzwerke und in die Ökonomie der Taliban; viele Detailinformationen zogen wir aus diesem Buch. Die Weltsichten der Taliban wurden vor allem in den Arbeiten des Autorengespanns Alex Strick van Linschoten und Felix Kühn herausgearbeitet, die auch viele Primärtexte der Taliban (u.a. *Taliban Reader*) herausgaben. Zum islamisch-paschtunischen Hintergrund der Taliban veröffentlichte David B. Edwards einschlägige Werke. Gute Einblicke in die Rolle der Taliban in einzelnen Regionen bieten die Arbeiten von Mike Martin und Carter Malkasian für Helmand sowie Shahzad Bashir und Robert D. Crews für die FATA. Zudem finden sich zu verschiedenen Regionen zahlreiche Veröffentlichungen auf den Internetseiten des *Afghanistan Analyst Network (AAN)*. Jüngst entstanden hervorragende Abhandlungen zu Einzelaspekten wie Selbstmordattentaten (David B. Edwards), den Governance-Strukturen (Ashley Jackson), der Propaganda der Taliban (Thomas H. Johnston) oder dem Leben Mullah Omars (Bette Dam). Einige Sammelwerke (u.a. William Maley; Conrad Schetter & Jörg Klussmann; Peter Bergen; Antonio Giustozzi) geben differenzierte Überblicke über die Taliban. Zudem liegen zu einzelnen Gruppierungen wie den arabischen Dschihadisten (u.a. Mustafa Hamid & Leah Farrall), dem Haqqani-Netzwerk (Vahid Brown & Don Rassler) oder dem Islamischen Staat Khorasan (Antonio Giustozzi) einschlägige Publikationen vor.

Bashir, Shahzad & Robert D. Crews (Hg.) (2012): Under the Drones. Modern Lives in the Afghanistan-Pakistan Borderlands. Cambridge.

Bergen, Peter (2013): Talibanistan. Negotiating the Borders between Terror, Politics, and Religion. Oxford.

Brown, Vahid & Don Rassler (2013): Fountainhead of Jihad. The Haqqani Nexus, 1973–2012. London.
Dam, Bette (2021): Looking for the Enemy. Mullah 'Omar and the Unknown Taliban. Noida.
Edwards, David B. (1996): Heroes of the Age. Moral Fault Lines on the Afghan Frontier. Berkeley.
– (2002): Before Taliban. Genealogies of the Afghan Jihad. Berkeley.
– (2017): Caravan of Martyrs. Sacrifice and Suicide Bombing in Afghanistan. London.
Giustozzi, Antonio (2009): Koran, Kalashnikov and Laptop. The Neo-Taliban Insurgency in Afghanistan. London.
– (Hg.) (2009): Decoding the New Taliban. Insights from the Afghan Field. London.
– (2009): The Islamic State in Khorasan. Afghanistan, Pakistan and the New Central Asian Jihad. London.
– (2019): The Taliban at War 2001–2018. London.
Hamid, Mustafa & Leah Farrall (2015): The Arabs at War in Afghanistan. London.
Jackson, Ashley (2021): Negotiating Survival. Civilian-Insurgent Relations in Afghanistan. London.
Johnson, Thomas (2017): Taliban Narratives. The Use and Power of Stories in the Afghan Conflict. London.
Maley, William (Hg.) (1998): Fundamentalism Reborn? Afghanistan and the Taliban. London.
Malkasian, Carter (2013): War Comes to Garmser. Thirty Years of Conflict on the Afghan Frontier. London.
Martin, Mike (2014): An Intimate War. An Oral History of the Helmand Conflict. London.
Mielke, Katja & Conrad Schetter (2013). Pakistan. Land der Extreme. München.
Rashid, Ahmed (2022): Die Taliban. Afghanistans Gotteskämpfer und der neue Krieg am Hindukusch. München.
Rzehak, Lutz (2004): Die Taliban im Land der Mittagssonne. Wiesbaden.
Schetter, Conrad (2004): Kleine Geschichte Afghanistans. München (5., aktualisierte Auflage 2022).
Schetter, Conrad & Jörg Klußmann (Hg.) (2011): Der Taliban-Komplex. Zwischen Aufstandsbewegung und Militäreinsatz. Frankfurt.
Strick van Linschoten, Alex & Felix Kuehn (2012a): An Enemy We Created. The Myth of the Taliban/al-Qaida Merger in Afghanistan, 1970–2010. London.

– (2012b): Poetry of the Taliban. London.
– (2018): The Taliban Reader. War, Islam and Politics. London.
Zaeef, Abdul Salam (2010): My Life with the Taliban. London.

Personenregister